General Fran
Princesa Auda
Los socios del Reform Club

Geronimo Stilton

La vuelta al mundo en 80 días

Queridos amigos roedores,

debéis saber que mi pasión por la lectura comenzó hace mucho tiempo, cuando aún era pequeño. Pasaba horas y horas leyendo novelas muy bonitas, que me hicieron vivir fantásticas aventuras y conocer lugares lejanos y misteriosos. ¡Es verdad que leer le da alas a la fantasía!

Así que he pensado regalaros también a vosotros las mismas emociones que sentí yo años atrás, contándoos las obras maestras de la literatura infantil.

Si os gusta viajar y amáis los retos imposibles, preparaos para acompañar a Phileas Fogg y a su mayordomo Passepartout en una empresa para quitar el hipo, a través de mares embravecidos, bosques misteriosos e inmensas praderas. ¡No hay tiempo que perder: para ganar la apuesta hay que dar *La vuelta al mundo en 80 días*!

Geronimo Stilton

Texto original de Julio Verne
Adaptación libre de Geronimo Stilton
Inspirado en una idea original de Elisabetta Dami
Ilustraciones de Paola Antista, Fabio Lai, Walter Leoni, Roberta Tedeschi *y* Luca Usai.
Diseño gráfico de Laura Zuccotti *y* Paola Cantoni

Título original: *Il giro del mondo in 80 giorni*
© de la traducción: Manuel Manzano, 2010

Destino Infantil & Juvenil
destinojoven@edestino.es
www.destinojoven.com
Editado por Editorial Planeta S. A.

© 2006 - Edizioni Piemme S.p.A., Via Tiziano 32 - 20145 Milán - Italia
www.geronimostilton.com
© 2010 de la edición en lengua española: Editorial Planeta, S. A.
Avda. Diagonal, 662-664, 08034 Barcelona
Derechos internacionales © Atlantyca SpA, Via Leopardi 8, 20123 Milán - Italia – foreignrights@atlantyca.it / www.atlantyca.com

Primera edición: marzo de 2010
ISBN: 978-84-08-09144-8
Depósito legal: B. 4.959 - 2010
Fotocomposición: Víctor Igual, S. L.
Impresión y encuadernación: Egedsa
Impreso en España - Printed in Spain

Geronimo Stilton

LA VUELTA AL MUNDO EN 80 DÍAS

JULIO VERNE

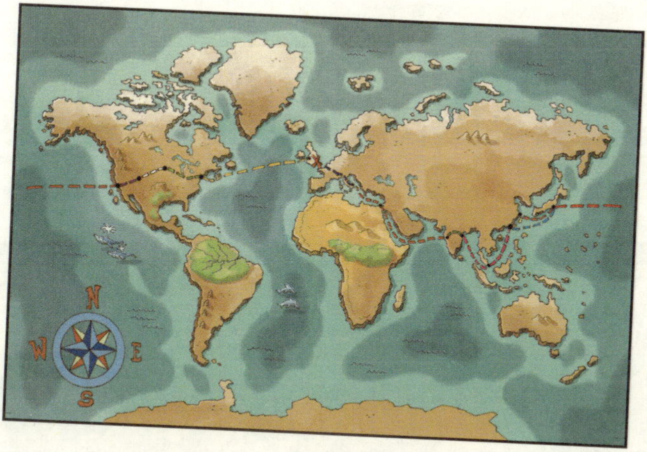

DESTINO

¿Quién es Phileas Fogg?

¡Todo empezó con una apuesta!

¡En una FRÍA y brumosa velada londinense de 1872, alguien juró que conseguiría dar la VUELTA AL MUNDO en sólo ochenta días!

Pero ¿quién podría imaginar una empresa tan increíble? ¿Quién había tenido nunca la valentía de aceptar un desafío tan difícil?

¡Phileas Fogg!

Ahora todos pensarán que Fogg era un ratón AUDAZ, un viajero empedernido, un temerario amante de la AVENTURA.

Pero no, nada de eso: Fogg era el ratón más *tranquilo* y sedentario del mundo.

Quizá de joven había viajado un poco, pero ya hacía años que no se alejaba de Londres.

El único trayecto que realizaba era por las calles que lo llevaban de su casa en el número 7 de Saville Row a la sociedad llamada Reform Club.

De hecho, por nada del mundo habría renunciado a la cotidiana partida de cartas con los compañeros del club, el **INGENIERO** Andrew Stuart, los banqueros Samuel Fallentin, Thomas Flanagan y John Sullivan y el administrador del Banco de Inglaterra Gauthier Ralph.

Aparte de eso, sin embargo, casi nada se sabía de la vida reservada y **misteriosa** de Phileas Fogg.

Fogg, por su parte, hacía cualquier cosa para pasar desapercibido. No frecuentaba teatros, no

seguía las CARRERAS de caballos y ni tan sólo se interesaba por la política.

Además, no estaba casado y no tenía hijos.

De él sólo se sabía que era un íntegro y rico señor inglés: elegante, señorial e impasible.

Nadie lo había visto nunca perder la *calma* y nada en el mundo parecía turbar su existencia. Phileas Fogg era de una precisión absoluta y sus días eran siempre iguales y perfectamente organizados.

¡Todos los días salía de casa a las once y media de la mañana, iba al Reform Club y volvía a casa a la medianoche en punto!

A menudo, en el interior de las antiguas y austeras paredes del club se hacía servir también el almuerzo y la cena: siempre a la misma hora y siempre en la misma mesa. Fogg parecía un reloj suizo: su jornada, en resumen, no tenía previstos los imprevistos.

Para ocuparse de todo estaban los pobres criados que tenían la DESVENTURA de trabajar a su servicio. No es que fuera un patrón malo, todo lo contrario: pero su precisión no toleraba distracciones o retrasos.

El último en ser despedido había sido un tal James Forster.

Y la causa fue que había calentado el AGUA para afeitar al señor Fogg a una temperatura de ¡dos grados menos de lo debido!

El mismo día en que James Forster fue despedido, llegó el mayordomo que lo sustituiría. ¡Y cuando sonó el timbre, puntual a la centésima de segundo, Phileas Fogg pensó que el nuevo mayordomo empezaba decididamente con buen pie!

Passepartout está satisfecho

En cuanto abrió la pesada puerta de MADERA antigua, James, el viejo mayordomo, se encontró frente a un joven de aspecto simpático.

Iba vestido de un modo sencillo, con corbata y bombín, pero llevaba un divertido par de zapatos rojos.

—¡Acomódese, por favor! El señor Fogg lo está esperando —dijo James después de haberlo observado de la cabeza a los pies.

Después, bajando la voz, añadió:

—¡BUENA SUERTE!

En cuanto estuvo frente a Phileas Fogg, el nuevo mayordomo se presentó:

—¡Mi nombre es Jean, pero todos me llaman Passepartout! —Después, con un punto de orgullo añadió—: ¡Y, sobre todo, soy *francés*!

—Lo había intuido por el acento que tiene y si me permite ¡también por sus zapatos! —respondió Fogg SEÑALANDO los pies del recién llegado—. Este tipo de zapatos solamente se fabrica en Francia.

Passepartout miró con admiración a su futuro patrón.

—¡Estoy seguro de que me encontraré muy bien a su servicio! —dijo muy contento. Después, con una mirada PÍCARA, añadió—: ¡Y creo que usted tampoco se arrepentirá de haberme contratado!

—¿Qué se lo hace creer así? —respondió Fogg con aire SEVERO.

Aquel jovencito parecía muy seguro de sí mismo, pero, quién sabía por qué, en seguida le pareció muy simpático.

—Se dice que a usted le gusta la vida tranquila y sedentaria —continuó Passepartout—. Y que detesta los viajes y las fiestas.

—Exactamente —admitió Fogg.

—Yo he tenido una vida agitada. He hecho todo tipo de trabajos: acróbata en un circo, BOMBERO, profesor de gimnasia... También he viajado muchísimo y ahora sería feliz dedicándome a una ocupación tranquila y segura.

—¡Me parece muy bien! —apuntó Fogg.

Passepartout reflexionó un instante.

—Olvidaba decirle que mis palabras preferidas son: ¡precisión y puntualidad!

—No diga más. ¡ESTÁ CONTRATADO! —lo interrumpió Fogg, a quien esas dos palabritas le habían parecido **DULCES** como el azúcar.

Después, mirando el reloj colgado de la pared, preguntó:

—¿Qué hora tiene su reloj?

—¡Las once y veinticuatro! —respondió en seguida el nuevo mayordomo.

Fogg **levantó** las cejas:

—¡Va retrasado unos cuatro minutos!

—¡Con todo el respeto, señor, eso es **imposible**! ¡Mi reloj es preciso, es más, muy preciso! —respondió Passepartout un poco ofendido.

—¡Creo que se equivoca, pero da igual! —concluyó Fogg—. Basta con saberlo.

Dicho esto, se levantó, cogió el sombrero, los guantes y el BASTÓN y se dirigió a la salida.

—Voy al Reform Club y no estaré de vuelta antes de medianoche.

Entonces, mientras cerraba la puerta a sus espaldas, añadió:

—Su habitación está en la primera planta.

Passepartout se encontró solo en la GRAN casa de Saville Row.

Miró satisfecho a su alrededor, cogió su maleta y subió a la planta superior.

—¡Me gusta! ¡Oh, sí! ¡Me gusta mucho este sitio! —exclamó mientras se lanzaba sobre la cama.

La habitación era cálida y acogedora: incluso había una lámpara de gas.

Encima de la chimenea vio una EXTRAÑA pintura enmarcada. Passepartout se levantó y la cogió. Sólo entonces se dio cuenta de que no se trataba de un cuadro, ¡sino de su programa de trabajo diario!

«¡El señor Fogg es justo el patrón que buscaba!», pensó mientras SONREÍA feliz.

El Club, las cartas y el ladrón

Una vez llegado al Reform Club, Phileas Fogg se sentó a su mesa habitual, a la espera de que el camarero le sirviera el ALMUERZO.

Comió a gusto, después se levantó con calma y fue a sentarse a un cómodo sillón. En la chimenea ardía un **FUEGO** crepitante que difundía un agradable calor por toda la habitación.

Las paredes de MADERA llenas de libros, el techo artesonado y las **mullidísimas** alfombras rojas creaban una atmósfera cálida y acogedora. ¡Justo lo que quería para disfrutar finalmente de la lectura de los periódicos en paz! Al poco, el Club se ANIMÓ a su alrededor y los sillones fueron todos ocupados por los socios. Fogg, sin embargo, parecía no darse cuenta de nada: continuaba leyendo arrellanado en su sillón.

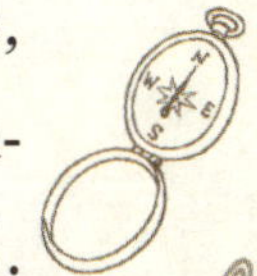

En cierto momento empezó una conversación particularmente interesante entre dos socios, Thomas Flanagan y Gauthier Ralph, que trabajaba cerca del BANCO DE LONDRES. Se había perpetrado un robo. Algo inaudito: nunca antes nadie había osado hacer algo así. Era un hecho tan impensable que los propietarios nunca habían necesitado policías de guardia en la entrada.

—¡Increíble! ¡Un verdadero golpe maestro! —exclamó Thomas Flanagan.

—¡Y que lo diga! El botín es de cincuenta y cinco mil libras esterlinas —respondió Ralph.

BANCO DE LONDRES

—¡Qué **bribones**! Sólo un delincuente experimentado podría atreverse a tanto —interrumpió Stuart con aire **contrariado**.

—Carne de **PRESIDIO**.

—¡Se equivocan, amigos! Su ladrón, en realidad, es un perfecto caballero.

Estas palabras habían salido de detrás de las páginas del periódico *Morning Chronicle*, seguidas inmediatamente por el morro impasible de Phileas Fogg.

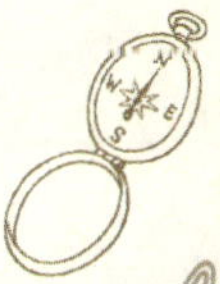

—Está escrito aquí —añadió con calma—. ¡Y si lo dice un periódico tan *serio* y digno de confianza como el *Morning Chronicle*, habrá que creérselo!

Tras una hora, la discusión se trasladó de los sillones a la mesa de juego.

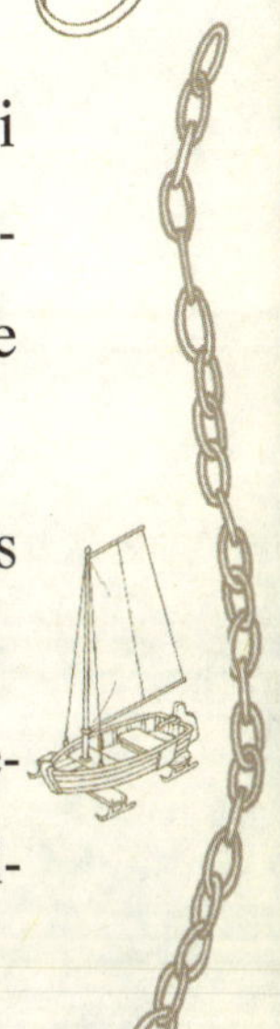

De hecho, las cartas eran el **pasatiempo** preferido de los socios del Club y de Fogg en particular.

Como a Phileas a menudo le gustaba repetir, las cartas tienen un gran virtud: ¡se puede jugar durante horas seguidas sin tener que hablar!

Entre una partida y otra, sin embargo, siguieron discutiendo sobre el **ROBO**.

—¡Seguro que no andará **LEJOS**! —declaró Gauthier Ralph—. La policía controla escrupulosamente todos los puertos.

—¡En cambio, yo creo que no lo pillarán! ¡El mundo es tan **GRANDE**! —concluyó Andrew Stuart.

—¡Y yo digo que se equivocan de nuevo! —fue la respuesta inesperada de Fogg.

¡Una apuesta peligrosa!

—¿Por qué? —replicó Stuart un poco sorprendido por la intervención de Fogg.

—¡Muy simple! ¡Quiero decir que hoy en día el mundo no es tan grande! —respondió Fogg.

—¡Es verdad! —intervino Sullivan—. He leído que para dar la VUELTA AL MUNDO bastan apenas ochenta días.

—¡IMPOSIBLE! —exclamaron los otros.

—Tiene razón —los acalló Fogg—. Ochenta días bastan y sobran.

—¿Estás seguro de que bastan? ¿Aunque haya tempestades y naufragios? —lo provocó Stuart—. ¿O si los indios asaltan el TREN?

La respuesta de Fogg no se hizo esperar:

—Claro, señor Stuart. ¡Yo mismo podría hacerlo inmediatamente!

—¡Nos toma el pelo, querido Fogg! —intervino Fallentin.

—Nada de eso, señores. ¡De hecho, estaría muy contento si el señor Stuart quisiera acompañarme!

—¡Ni en sueños! —respondió Stuart cada vez más agitado—. Pero estoy listo para apostar cuatro mil libras esterlinas a que ni siquiera Fogg es capaz de hacerlo.

—¿Están bromeando? —intervino Sullivan, incrédulo.

—¡En absoluto! —respondió Stuart, ROJO como un pimiento—. ¡Un inglés nunca bromea cuando apuesta!

—**Entonces, ¡trato hecho!** —dijo Fogg—. ¡Acepto la apuesta! Pero la cifra será de veinte mil libras esterlinas, la mitad de mi patrimonio.

—¡No haga tonterías, Fogg! —intervino Fallentin para hacerle cambiar de idea.

Pero la decisión ya estaba tomada y nada habría podido hacerle volver sobre sus pasos.

Es más, Fogg invitó a los otros cinco que se unieran contra él en la apuesta.

—¿Qué dicen de mi proposición, señores? ¡Los cinco contra mí!

Los demás se miraron PERPLEJOS durante algunos instantes; después Sullivan respondió:

—Digamos que es una locura... pero ¡aceptamos!

—¡Bien, señor Fogg! —dijo Stuart poco después—. ¿Cuándo pretende PARTIR?

—En seguida —respondió Fogg.

—Pero ¿qué hará con el EQUIPAJE? —preguntó Sullivan.

—Soy un roedor con pocas necesidades —replicó Fogg con *calma*—. Y pienso comprar todo lo que necesite durante el viaje.

Se hizo un silencio estupefacto. Fogg continuó:

—Dentro de una hora, es decir, a las ocho cuarenta y cinco, hay un TREN hacia Dover, en la costa oriental de Inglaterra. —Entonces, observando el reloj de al lado de la ventana añadió—: Cuento con tomar ese tren.

Todos lo miraron con OJOS desorbitados.

—Hoy es 2 de octubre de 1872 —añadió tras unos instantes—. Si mis cálculos son exactos, estaré de vuelta el sábado 21 de diciembre a las ocho cuarenta y cinco de la tarde.

Ralph y Fallentin sugirieron *escribir* todas las reglas de la apuesta en un papel. Cuando todos hubieron *firmado*, Fallentin se volvió hacia Fogg:

—¿Se da cuenta de que se arriesga a acabar arruinado por una apuesta?

—¡Bastará un pequeño imprevisto para hacerle perder una *fortuna*! —añadió Ralph.

—Queridos colegas —contestó Fogg—, ¡los imprevistos no existen! —Después, con el tono más tranquilo del mundo, dijo—: Y ahora, si me permiten, debemos acabar la partida.

¡Empieza la aventura!

Passepartout había visto y oído tantas cosas en su vida, que ahora ya no se sorprendía por nada.

No obstante, cuando escuchó lo que Fogg le anunció en cuanto entró en casa, se quedó sin palabras.

—¿La... la vuelta al mundo? ¿Por casualidad no se habrá **golpeado** la cabeza al entrar en casa, señor?

—¡Nada de eso, Passepartout! —respondió Fogg con su habitual *calma*—. También he apostado veinte mil libras esterlinas.

Estas palabras fueron el golpe de gracia para el pobre Passepartout.

El mayordomo se dejó CAER en una silla como si fuera un saco de patatas.

Pensó: «¡El primer día de trabajo es decididamente más movido de lo previsto!».

Fogg dejó al joven criado tiempo para recuperarse del estupor, y luego dijo:

—Ahora, si no es molestia, deberías ocuparte del equipaje. ¡En menos de una hora tenemos un TREN para Dover!

—P-pero señor —farfulló el pobre Passepartout—. ¡Es imposible prepararlo todo en tan poco tiempo!

Fogg lo tranquilizó:

—Bastarán dos camisas, un par de buenos zapatos y el impermeable. —Entonces, después de reflexionar unos instantes, añadió—: ¡Olvidaba

mi manta de viaje! Me parece la ocasión justa para estrenarla.

Passepartout no tenía mucha experiencia como mayordomo, pero había aprendido una cosa: **¡nunca debía contradecir al patrón!**

Así que aventuró tímidamente:

—Esto, señor, ¿no cree que será poco para un viaje de ochenta días?

—Tranquilo, Jean —replicó Fogg—. ¡Compraremos todo de camino!

Mientras decía estas palabras, deslizó muchos fajos de billetes dentro de una maleta de viaje:

—¡Me fío de ti, Passepartout! Estas veinte mil libras son todo nuestro patrimonio.

Passepartout cogió la maleta con cautela y la sopesó con cansancio: la idea de llevar por ahí todo aquel dinero le había mermado las fuerzas. Después, mientras subía la escalera para ir a su

habitación, pensó para sí: «Y yo que esperaba estar finalmente tranquilo...».

Media hora después, a las ocho cuarenta, Fogg y Passepartout estaban delante de la estación de Charing Cross.

Passepartout descendió del coche de un ágil salto:

—¡Será mejor darse prisa! —dijo, mientras descargaba el equipaje de su patrón—. Dentro de cinco minutos sale el TREN.

—Un momento, querido Passepartout —respondió Fogg—. ¡Antes debo hacer una cosa!

Dicho esto, se acercó a una POBRE mujer que pedía limosna sentada en el suelo en una esquina de la estación.

—¡Tenga, señora! —dijo Fogg, dándole un billete de veinte libras—. Estoy contento de haberla encontrado.

La mujer no dejó de agradecérselo hasta que

Fogg hubo subido al tren. Passepartout se quedó sin palabras: estaba emocionado por el **generoso** gesto de su patrón.

«¡Es bonito trabajar para un señor con una alma tan buen

pensó mientras colocaba el equipaje en el compartimento.

Pocos minutos después, el TREN se puso en marcha lentamente. Passepartout, sentado en un rincón con la maleta bien sujeta sobre las rodillas, observaba a Fogg, que se mostraba IMPASIBLE y tranquilo como siempre.

LLEGAN LOS PROBLEMAS

¡Mientras tanto, en Londres se había desencadenado **EL FIN DEL MUNDO**! La noticia de la apuesta había circulado por la ciudad y los periódicos no hablaban de otra cosa. Naturalmente, como ocurre siempre en estos casos, los londinenses se habían **DIVIDIDO** en dos bandos: por una parte, los que animaban a Fogg, por otra, los que estaban seguros de su fracaso.

Los **vendedores** de periódicos en las esquinas de las calles gritaban:

«¡PHILEAS FOGG EL TEMERARIO!»

o «¡LA INCREÍBLE EMPRESA DE FOGG!»

No faltaban, sin embargo, títulos un poco menos corteses acerca del caballero viajero: «¿FOGG HA PERDIDO LA CHAVETA?»

Se discutía sobre la apuesta en todos los lugares públicos: círculos, teatros y mercados. Muchos apostaban por Fogg como si hubieran apostado por un caballo de CARRERAS.

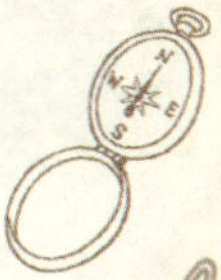

Naturalmente, Fogg no sabía nada de todo eso y, aunque lo hubiera sabido, estamos seguros de que no se habría inmutado, como siempre. Desafortunadamente, no podía conocer la noticia que amenazaba con desbaratar sus planes por completo. Justo ese día, a Suez, en Egipto, había llegado un telegrama de la policía de Londres. Decía así: «Asunto: ladrón Banco de Londres. Stop. Emitan en seguida orden de captura. Stop. Su nombre es Phileas Fogg. Stop».

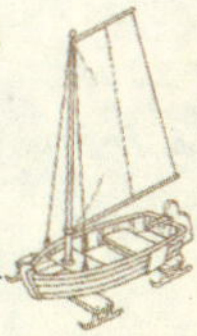

El telegrama estaba firmado por el agente Fix. Pero ¿cómo era posible una cosa así? Muy simple: algunos testigos del robo en el Banco habían dado a la policía una descripción del ladrón. Por pura casualidad, ésta coincidía *exactamente* con la foto de Fogg que llenaba los periódicos de aquel día. Así que los londinenses se convencieron de que quien había ROBADO cincuenta y cinco mil libras esterlinas del Banco del Londres no era otro que... ¡el señor Phileas Fogg!

Inspectores y agentes fueron enviados a todos los principales puertos de Europa y de África, con la esperanza de detener al ladrón. También Fix esperaba con **IMPACIENCIA**: ¡algo le decía que Fogg pronto llegaría a Egipto!

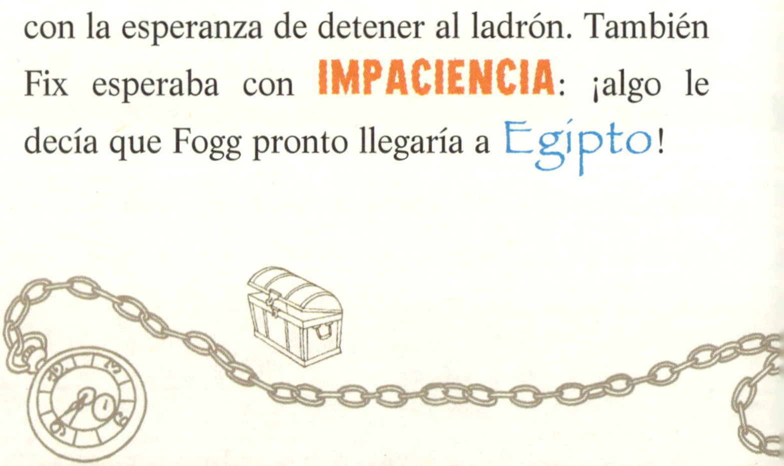

Ya se imaginaba la escena: se le acercaría con las esposas y la orden de captura, y con voz AUTORITARIA le diría:

—¿Señor Fogg? ¡Queda **arrestado** en nombre de la ley!

Lamentablemente, sus sueños de *gloria* duraron poco. Cuando llegó al puerto el vapor *Mongolia*, ninguno de los pasajeros que descendieron encajaba con la descripción proporcionada por la policía de Londres.

—¡Caramba! —protestó para sí mientras retorcía el pobre bombín que sostenía entre las PATAS—. ¡Ese tal Fogg no aparece! ¡Sin embargo, estoy seguro de que se encuentra a bordo de este barco!

Justo mientras estaba perdido en estos pensamientos, se le acercó un roedor abriéndose paso entre la multitud.

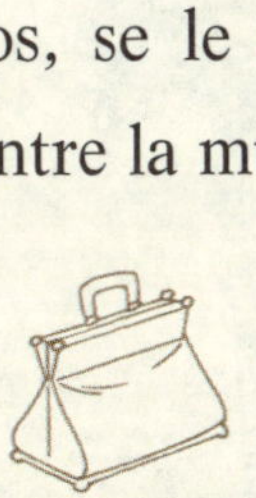

MONGOLIA

—¡Disculpe, señor! Mi nombre es Passepartout. ¿Podría decirme dónde se encuentra la oficina del cónsul? ¡Me tienen que *firmar* esto! —dijo, mostrando un pasaporte.

Casi automáticamente, Fix leyó los datos del pasaporte y se quedó sin **aliento**. ¡Aquel documento pertenecía a Phileas Fogg en persona!

Passepartout añadió:

—¡Soy el mayordomo del señor Fogg!

—Temo entonces que su patrón tendrá que presentarse al CÓNSUL en persona —concluyó el agente Fix.

Passepartout se DESPIDIÓ con un gesto rápido y se alejó hacia el barco de vapor.

El agente Fix no perdió el tiempo y se apresuró a ir al consulado.

—¡Señor cónsul, nuestro ladrón vendrá aquí

en seguida! —dijo casi sin respirar—. ¡Debe retenerlo lo máximo posible! ¡El tiempo que tarde en llegar la orden de captura desde Londres!

El cónsul replicó **DUBITATIVO**:

—Pero ¿qué debo hacer?

Fix le sugirió:

—¡Invente cualquier excusa para no firmarle el pasaporte! Así ganaremos algunos días.

—Es **imposible**. Si el pasaporte está en regla, yo tengo la obligación de firmarlo.

Fix habría querido insistir, pero justo en aquel momento entraron en la oficina Fogg y Passepartout. En cuanto el cónsul abrió el pasaporte, exclamó:

—¡Veo que usted es ciudadano inglés, señor Fogg! ¿Y a qué lugar se dirige?

—Voy hacia ORIENTE, a Bombay —respondió él en tono cortés—. Y necesito su firma para obtener mi pasaje en Egipto.

El pasaporte estaba en regla, así que el cónsul tuvo que *firmarlo*.

En cuanto salió del consulado, Fogg subió a bordo del vapor *Mongolia*.

Entró de nuevo en su camarote y se sentó a la mesa. Con *calma*, extrajo un pequeño cuaderno y anotó:

Partida de Londres: miércoles 2 de octubre, 20.45 horas
Llegada a París: jueves 3 de octubre, 7.20 horas
Pasaje a Turín: viernes 4 de octubre
Llegada a Bríndisi: sábado 5 de octubre, 16.00 horas
Embarque en el Mongolia: sábado 5 de octubre, 17.00 horas
Llegada a Suez: miércoles 9 de octubre, 11.00 horas
Total: ¡6 días y medio, como estaba previsto!

¡Mientras tanto, en el muelle, frente a la nave, el pobre agente Fix pensaba y pensaba en cómo detener al señor Fogg!

Passepartout habla demasiado

Passepartout paseaba por el muelle del puerto. Miraba a su alrededor y parecía encantado.

«¡Así que estamos en Egipto!», pensaba para sí, casi sin fijarse en la multitud que caminaba a su alrededor.

Así, absorto, por poco acaba CHOCANDO contra un roedor rellenito, con un buen par de bigotes y un bombín que le daba un aspecto más bien Ridículo.

Se trataba precisamente del agente Fix, que caminaba a lo largo del muelle con la esperanza de encontrarse al joven mayordomo.

De hecho, su plan era hacerle hablar, con la esperanza de descubrir algo más.

—¡OPS! ¡Discúlpeme, señor! —farfulló Passepartout. Entonces, reconociendo al agente Fix, añadió feliz—: Pero ¡si es usted! ¡Qué SUERTE encontrarlo. Quería agradecerle la ayuda que nos ha proporcionado hace un rato!

—¡No es nada! —respondió Fix cortésmente. Entonces, de manera despreocupada, añadió—: ¡Así que se dirigen a Bombay!

—¡Por supuesto, señor! ¡Damos la vuelta al mundo!

—¡Caramba! —fingió interesarse Fix—. ¡Para un viaje así necesitarán mucho dinero!

—¡A usted puedo decírselo! —respondió Passepartout bajando la voz y acercándose al

oído del agente—. ¡Antes de partir para este viaje, mi patrón ha metido en la maleta un buen montoncito de billetes!

¡Podéis imaginaros el efecto que hicieron estas palabras en Fix!

Ahora ya estaba totalmente convencido de que Fogg era el ladrón que buscaba.

Y así, caminando junto a Passepartout por las estrechas calles de Suez, Fix se enteró de muchos detalles interesantes.

Se despidieron frente a un BAZAR:

—Señor Passepartout, ha sido un verdadero placer hablar con usted.

—¡El placer es mío! —respondió Passepartout—. Querría seguir la conversación, pero debo APRESURARME a volver a bordo.

—Es cierto —respondió Fix mirando el reloj—. Ya es mediodía.

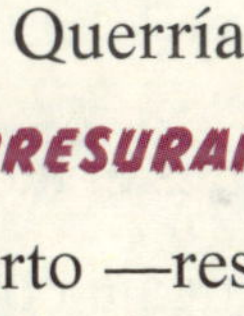

—¿Bromea? —lo interrumpió de inmediato Passepartout sacándose del bolsillo su exactísimo reloj—. ¡Sólo son las diez!

—¡Su reloj va atrasado! —observó Fix.

—Con todo el respeto, eso es **imposible** —replicó Passepartout—. ¡Este reloj de bolsillo es herencia de mi bisabuelo y nunca ha fallado ni por un segundo!

Fix se quedó en silencio durante unos instantes; luego, SONRIENDO, continuó:

—Ya lo entiendo, amigo mío. Su reloj aún se rige por el horario de Londres, pero aquí el huso horario es distinto.

Tras dejar a Passepartout, Fix regresó para ver al CÓNSUL.

—¡Tengo la prueba de que Fogg es el ladrón que buscamos! —dijo—. ¡No sólo encaja con la descripción de la policía, sino que me he enterado de que viaja con una maleta llena de DINERO!

El cónsul aceptó requerir una nueva orden de captura de Londres y expedirla a BOMBAY.

—Yo también embarcaré —concluyó Fix—.

¡Passepartout pierde los zapatos!

El viaje en el *Mongolia* fue más tranquilo de lo previsto. Los camarotes y los salones eran **cómodos** y *lujosos*.

Fogg, impasible también durante las jornadas de **tormenta**, pasaba el tiempo jugando a cartas con otros pasajeros.

Passepartout, en cambio, disfrutaba del viaje atiborrándose de COMIDA y paseando por el puente con su nuevo amigo, es decir, el señor Fix.

Finalmente, el 20 de octubre el vapor llegó a Bombay.

—¡Excelente! —comentó Fogg descendiendo

del barco—. ¡Llevamos un adelanto de dos días respecto al plan de viaje!

Todavía faltaban tres horas para la salida del TREN hacia Calcuta, así que, después de haber hecho firmar el pasaporte, Fogg decidió comer en el restaurante de la estación.

Mientras tanto, Passepartout, que había hecho sus habituales compras, PASEABA por la ciudad.

—¿Quién lo habría dicho? ¡Yo, Jean Passepartout, en la INDIA! —pensaba mientras caminaba abriéndose paso entre la multitud.

Por las calles se veía bastante movimiento y se respiraba un aire de fiesta. En efecto, en aquellos días se celebraba una especie de carnaval con cantos, bailes y procesiones.

Passepartout lo observaba todo con curiosidad e interés.

En un momento dado, se interesó por una construcción llena de ornamentos y decoraciones de ORO. Se trataba de un templo hindú, un lugar sagrado para la religión india.

—¡QUÉ MARAVILLA! —exclamó mientras observaba la enorme fachada del templo—. Tengo mucha CURIOSIDAD por verlo por dentro.

Desafortunadamente, Passepartout no sabía que una regla de la religión hindú prohíbe entrar en los templos con zapatos.

Así, sin querer, hizo un gesto imperdonable a los ojos de los hindús. La reacción no se hizo esperar, y en pocos instantes se encontró en el suelo, agredido por tres sacerdotes ENFADADÍSIMOS.

La sorpresa fue tan grande que no tuvo siquiera tiempo de reaccionar: en pocos segundos, los

tres le quitaron los zapatos y los lanzaron fuera del templo.

La cosa habría podido acabar muy mal, pero por SUERTE, Passepartout era un ratón fuerte y atlético. Con un *ágil* movimiento y algunos empujones consiguió liberarse de los tres agresores y huir a la carrera fuera de allí.

Por desgracia, tuvo que decirles adiós a sus *magníficos* zapatos rojos.

En cuanto llegó a la estación, Passepartout le contó el incidente a Fogg, sin darse cuenta de que alguien más lo escuchaba a escondidas con gran interés.

«BIEN, UN DELITO EN TIERRA INDIA», dijo para sí mismo el agente Fix, escondido en las sombras.

«¡ESTA VEZ, EL SEÑOR FOGG ESTÁ METIDO EN UN BUEN LÍO!»

Las babuchas nuevas

Tras dejar BOMBAY y al agente Fix con sus **intrigas**, Fogg y Passepartout se pusieron en marcha hacia Calcuta.

El tiempo era agradable y a través de la ventanilla del TREN se podía admirar un paisaje increíble.

Fogg, como siempre, se sentaba erguido, con las PATAS apoyadas en el bastón. Frente a él, Passepartout contemplaba el paisaje con una mirada llena de estupefacción.

—Mi *querido* Passepartout, será necesario que

te compre un par de zapatos nuevos —exclamó Fogg al rato, rompiendo el silencio.

Passepartout se dio cuenta de que su patrón estaba observando sus PATAS envueltas en la manta de viaje. Con un poco de VERGÜENZA, respondió:

—Ejem. Sí, señor, pero tendremos que esperar hasta llegar a Calcuta.

—¡Tengo una buena noticia para usted, jovencito!

—dijo una voz de repente—. Este tren hace una parada en Burhanpur.

Quien hablaba era un DISTINGUIDO señor vestido de uniforme que se había asomado a la puerta del compartimento.

—¡Es un placer, señores! ¡Mi nombre es Cromarty! —dijo, poniéndose firmes—. General de brigada Francis Cromarty, para ser exactos.

Después, con cortesía británica preguntó:

—¿Puedo **acomodarme** en este compartimento?

—¡Por supuesto! —respondió Fogg con la misma amabilidad—. Yo soy Phileas Fogg y él es mi mayordomo, Jean Passepartout.

Terminadas las presentaciones, los tres se quedaron en silencio durante toda la tarde. Después de cenar, Passepartout se durmió en el asiento con las PATAS envueltas en la manta, mientras Fogg le explicaba al general el objetivo de su viaje. Sir Cromarty, como perfecto inglés, no se sorprendió del asunto y le deseó a Fogg que ganara su apuesta. El viaje prosiguió tranquilo durante toda la noche. El TREN corría VELOZ a través de las inmensas extensiones de campos y BOSQUES verdísimos.

A mediodía del siguiente día, es decir, el 21 de octubre, el tren llegó a Burhanpur. Como de costumbre, Fogg no descendió, mientras que el

INDIA
CALCUTA
KHOLBY
BURHANPUR
BOMBAY
N
O
E
S

general y Passepartout aprovecharon para estirar las PATAS. Una hora después, el tren partió de nuevo y los tres se reencontraron en sus asientos. Ahora, sin embargo, Passepartout tenía un aire decididamente más alegre y satisfecho. ¡Ya no iba descalzo, sino que lucía un divertidísimo par de babuchas indias!

El viaje continuó. Pero en un momento dado el tren disminuyó la marcha hasta detenerse del todo.

LOS TRES SE MIRARON CON AIRE PERPLEJ

—No entiendo —empezó Fogg—. No hay prevista ninguna otra parada hasta Calcuta.

Passepartout bajó del TREN y se acercó al revisor para enterarse de qué estaba sucediendo. Preguntó en tono cortés:

—Disculpe, ¿dónde nos encontramos en este momento?

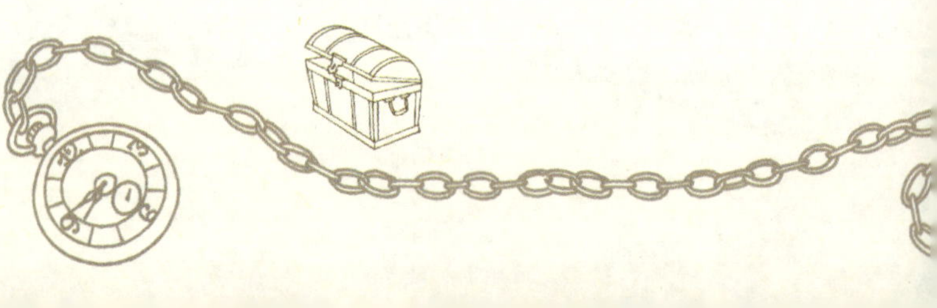

—Estamos en Kholby —respondió el revisor.

—¿Y puede saberse por qué nos hemos parado? —insistió Passepartout.

—¡MUY SIMPLE! —replicó el otro con toda la tranquilidad del mundo—. ¡Porque aquí se acaban las vías!

Al pobre Passepartout se le ENROSCÓ la cola dc la sorprcsa.

—¡¿Que se acaban las vías?! —repitió INCRÉDULO.

¿Cómo conseguirían pues proseguir viaje hasta Calcuta?

Encogiéndose de hombros, el revisor lo invitó a hacer como todos los demás, ¡seguir a pie!

Fogg, como era previsible, no se inmutó ni un ápice frente a la TERRIBLE noticia.

—¡Calma, Passepartout! Había previsto que tendríamos DIFICULTADES.

—Pero señor —replicó el mayordomo—. ¡No pensará realmente que yo pueda llegar a Calcuta caminando con estas **BABUCHAS**!

—¡Necesitamos un medio de transporte alternativo! —intervino el general Cromarty.

—Es justo lo que pensaba —respondió Fogg. Entonces, volviéndose a su mayordomo, añadió:

—¡TE TOCA A TI, PASSEPARTOUT! ¡YA SABES QUÉ HACER!

¡Os presento a *Kiumi*!

Ffogg hizo bien en fiarse de Passepartout. De hecho, el mayordomo no lo decepcionó y pocos minutos después volvió con una gran SONRISA.

¡He encontrado lo que necesitamos! —empezó. Después les hizo una indicación al señor Fogg y a sir Cromarty para que lo siguieran. A pocos pasos, los tres se encontraron frente a un **ENORME** elefante indio de nombre *Kiumi*.

—¡Bien hecho! —dijo Fogg sin alterarse.
El problema fue convencer al propietario del elefante para que vendiera el ANIMAL.

Al principio, Fogg le ofreció seiscientas libras, después ochocientas y al final, mil. El viejo indio, sin embargo, también las había rechazado y se resistía esperando a que Fogg le ofreciera cada vez más.

—Piénselo bien, señor Fogg —le susurró en voz baja sir Cromarty después de habérselo llevado aparte—. ¡Se arriesga a perder una MONTAÑA de dinero!

Fogg, no obstante, sabía lo que hacía y, al final, compró el ELEFANTE por dos mil libras. Cuando Passepartout oyó pronunciar esa cifra, tuvo un MAREO.

—¡Por todas las babuchas! —exclamó, pálido como una sábana—. No pensaba que viajar por la India costara tanto!

Fogg fue muy *amable* y le ofreció un pasaje a Calcuta al general Cromarty, que aceptó con placer.

Después de contratar a un joven guía para conducir el elefante, los tres se sentaron en la enorme cesta ATADA a la espalda del animal y partieron.

El viaje no era de los más cómodos: a cada paso del elefante, los tres se balanceaban de izquierda a derecha.

Después de haber viajado todo el día por la selva, el grupo se detuvo para pasar la noche.

Acamparon en un claro entre los ÁRBOLES y encendieron un FUEGO para cocinar y mantener alejados a los tigres.

Después de cenar, Fogg, Passepartout y sir Cromarty se taparon bien con las mantas y se durmieron alrededor del FUEGO.

El guía prefirió descansar cerca del elefante.

A la mañana siguiente, después de haber desayunado, **PARTIERON**.

Todo parecía ir según los planes cuando, de repente, se oyeron sonidos en la lejanía. El guía detuvo el elefante y todos se quedaron a la escucha. El sonido era cada vez más **fuerte**: era una especie de lamento, una melodía TRISTE.

Escondidos tras la tupida vegetación, los cuatro asistieron a un espectáculo increíble.

Una **larga** procesión avanzaba entre los ÁRBOLES: al frente había una cincuentena de ratones vestidos con túnica y turbante.

Tras ellos avanzaba lentamente un enorme carro de MADERA llevando el cuerpo sin vida de un roedor.

Era evidente que se trataba de un *príncipe* indio, pues vestía una túnica dorada y en la cabeza llevaba un turbante recubierto de piedras preciosas.

—¡Se trata de un FUNERAL! —susurró sir Cromarty al oído de Fogg.

El cuerpo del carro pertenecía al RAJÁ de Bundelkand.

Pero las sorpresas no habían acabado: tras el carro avanzaba una joven bellísima, vestida con una larga túnica ricamente adornada. Llevaba el cabello recogido en un moño y una estupenda diadema brillaba en su frente. Algunos roedores la rodeaban como si fuera su PRISIONERA.

—Ésa es AUDA, la mujer del príncipe —explicó el guía—. Y está preparándose para un *sati*.

—¿Qué es un *sati*? —preguntó Passepartout con CURIOSIDAD.

La respuesta del guía por poco lo hace caerse del ELEFANTE:

—¡Es un **SACRIFICIO** voluntario! ¡La princesa deberá seguir a su marido al más allá!

La valentía de Passepartout

Passepartout no daba crédito a lo que había oído:

—¿Quieres... quieres decir que esa **bellísima** princesa está a punto de morir?

—Por desgracia, sí —admitió TRISTEMENTE el guía bajando la mirada—. Acabará en el **FUEGO**, al lado del cuerpo de su marido.

También a Fogg le impresionaron mucho esas palabras:

—Pero ¡eso es **TERRIBLE**! —exclamó perdiendo la calma por primera vez en su vida.

Entonces, volviéndose al general Cromarty, dijo—: ¿No podemos hacer nada por ayudarla?

—¡Me temo que no, señor Fogg! ¡Pagaríamos muy cara nuestra intromisión!

—¡Y yo le digo que esta noche liberaremos a esa mujer! —**concluyó** Fogg convencido—. ¿Queda claro?

Aquella noche, la princesa fue atada encima de una pila de TRONCOS, al lado de su marido difunto.

Todo estaba listo. Tras unos instantes, el sacerdote encendió el FUEGO. Un humo denso y negro empezó a SUBIR hacia el cielo.

En un último y desesperado intento, Fogg estuvo a punto de lanzarse a las llamas cuando se oyó un **ooohhh** de estupor y todos señalaron la pira. En medio del humo y las llamas había aparecido una silueta. Con fuerza y ágiles

movimientos, tomó en brazos el cuerpo de la **bellísima** princesa desvanecida y se alejó a la **CARRERA**.

La silueta era del bueno de Passepartout: ¡con gran **VALENTÍA**, y gracias a su físico de atleta, se había lanzado a las llamas, pillando a todos por sorpresa!

—¡Rápido, huyamos! —**gritó** a los demás.

¡Minutos después, el elefante *Kiumi* se alejaba veloz por la selva... con una pasajera más a bordo!

¡ADIÓS, AMIGOS!

No es difícil imaginar la felicidad de Passepartout por el éxito de la empresa.

En cuanto se hubieron alejado lo suficiente, se detuvieron y el general Cromarty lo felicitó estrechándole la PATA.

También Fogg lo felicitó:

—¡Buen trabajo, mi querido Passepartout! —le dijo con su habitual tranquilidad... pero en esta ocasión se veía que también él estaba un poco emocionado.

—¡Gracias, señor! —respondió Passepartout

con una gran SONRISA —. ¡Es usted muy amable, pero sólo he aprovechado mi pasado de BOMBERO!

Mientras tanto, la *princesa* Auda se estaba recuperando. El general la ayudó a levantarse y le dijo:

—¡Debéis agradecer la astucia y la valentía de este jovencito!

Ella se acercó y SONRIENTE se lo agradeció con una inclinación. Passepartout se sonrojó como un pimiento hasta la punta de las orejas.

Vista de cerca, Auda era aún más **bella** y Passepartout se quedó encantado mirándola.

Partieron de nuevo y, durante el viaje, la princesa contó su TRISTE historia.

Auda en realidad era de origen inglés, pero sus padres habían hecho **FORTUNA** en Bombay. Así que ella había crecido en aquella ciudad, pero había recibido una educación occidental, como demostraba su *perfecto* acento británico.

Su vida siempre había sido feliz, sobre todo el matrimonio con el rajá. Sin embargo, un triste día...

En aquel instante, la pobre princesa no pudo continuar su relato y estalló en lágrimas.

Mientras Passepartout y el guía intentaban consolarla, sir Cromarty susurró al oído de Fogg:

—La princesa Auda siempre estará en peligro en la INDIA.

La respuesta de Fogg no se hizo esperar:

—Entonces. nos la llevaremos a Europa con nosot

Finalmente, llegaron a Allahabad y allí Phileas Fogg tuvo otro gesto que impresionó mucho a

Passepartout. Después de haberle pagado al guía, dijo:

—¡Has sido un guía perfecto y además nos has AYUDADO a salvar a la princesa! Por eso he decidido regalarte el ELEFANTE.

El guía no dejaba de agradecérselo a Fogg, y también *Kiumi*, el gran elefante, parecía feliz. Cuando Passepartout se acercó para darle un azucarillo, el elefante lo agarró con la trompa por el torso y lo levantó entre las risas de todos.

El pobre Passepartout fue posado en el suelo sólo después de haber prodigado al ANIMAL una buena dosis de caricias en la frente.

El viaje prosiguió en TREN sin problemas hasta Calcuta. Desafortunadamente, el general Cromarty tuvo que descender en Benarés para unirse a sus tropas. Se despidieron todos muy EMOCIONADOS.

Fogg prometió que, una vez de vuelta en Londres, visitaría al general.

A las siete de la mañana del 25 de octubre, Fogg, Auda y Passepartout descendieron en la estación de Calcuta, en horario *exacto* respecto al plan de marcha.

Una vez más, sin embargo, el DESTINO les deparaba problemas, y se presentaron en forma de un policía.

—¿Son ustedes los señores Phileas Fogg y Jean Passepartout? —preguntó con aire severo.

—¡Así es, señor agente! —respondió Fogg impasible—. ¿En qué podemos ayudarlo?

—Simplemente siguiéndome —fue la inesperada respuesta—. ¡Usted y su mayordomo están **arrestados**!

DE VIAJE EN EL RANGOON

¡Tras ese arresto estaba sin duda la patita del agente Fix!

De hecho, después del «paseo» de Passepartout por el templo hindú de BOMBAY, Fix había convencido a los tres sacerdotes para que lo denunciaran.

En la INDIA las penas por ese delito eran muy severas y Fix esperaba detener así a Fogg en Calcuta durante algunos días: justo el tiempo para recibir de Londres una nueva orden de arresto.

Las cosas marcharon justo como había previsto

el agente. El juez escuchó la denuncia de los tres sacerdotes y condenó a Fogg y a Passepartout a ocho días de prisión.

—¡Qué desastre! —exclamó Passepartout mientras Fix se frotaba las PATAS satisfecho, escondido entre el público.

Como siempre, no obstante, Fogg no perdió la calma, y preguntó si podía evitar la cárcel pagando una fianza.

El juez aceptó y ordenó el pago de dos mil libras. Era una suma **ENORME**, pero Fogg pagó sin pestañear.

¡PODÍAN PARTIR!

—¡No es posible! ¡Ese listillo siempre se sale con la suya! —protestó Fix mientras masticaba su propio bombín por el nerviosismo.

El asunto se había resuelto bien, pero el pobre

Passepartout se sentía terriblemente culpable: por su culpa se habían arriesgado a perder la apuesta y se habían quedado sin un montón de *dinero*. Además, estaba tan **enfadado** con los tres sacerdotes que intentó, al menos, recuperar sus zapatos rojos.

Exactamente a mediodía del 25 de octubre, el vapor *Rangoon* ZARPÓ hacia Hong Kong con Fogg, Passepartout y Auda a bordo.

Naturalmente, entre los pasajeros también estaba Fix, que ya había decidido seguir a Fogg como una **SOMBRA** hasta Hong Kong, donde lo arrestaría.

Mientras tanto, sin embargo, tenía que descubrir algo más sobre el ladrón haciendo hablar a Passepartout.

Una mañana, muy temprano, salió del camarote y subió a cubierta, donde Passepartout solía

pasear para disfrutar del aire fresco y de la belleza del OCÉANO Índico.

Fix le salió al encuentro, fingiéndose sorprendido de verlo:

—¡Señor Passepartout! —empezó, estrechándole la PATA con entusiasmo—. ¡QUÉ SORPRESA TAN AGRADABLE!

Passepartout se sorprendió realmente de aquel encuentro:

—¡Señor Fix! ¡Usted también en este barco!

Después, tras reflexionar unos instantes, añadió:

—¿Cómo es que no nos hemos encontrado antes? ¡Porque seguro que ha subido en Calcuta!

RANGOON

Fix, que no se esperaba la pregunta, respondió con **EMBARAZO**:

—Bueno... ya sabe... me mareo en el mar y hasta ahora me he quedado en la cama en mi camarote.

En los días siguientes, Fix y Passepartout se encontraron muy a menudo, pasando horas enteras por la cubierta del *Rangoon*.

Pero había algo que no convencía a Passepartout. Todas aquellas **COINCIDENCIAS** le parecían extrañas: primero, el encuentro con Fix en Suez; después, en Bombay, y ahora, en el barco a Hong Kong.

Era como si aquel tipo lo estuviera siguiendo... Passepartout pensó que sería un **ESPÍA** mandado por los socios del Reform Club para comprobar que Fogg diera realmente la **VUELTA AL MUNDO**.

La mañana del 31 de octubre, tras una semana

de navegación tranquila, el *Rangoon* atracó en Singapur para reaprovisionarse.

Passepartout, como siempre, fue el encargado de hacer las compras, pero también Fogg bajó esta vez del barco. Su deber de caballero le imponía hacerle compañía a la *princesa* Auda. Además, no es que la cosa le desagradara.

Pasaron un precioso día visitando la ciudad en un **bonito** coche de caballos.

Para el pobre agente Fix, en cambio, fue un día terrible: ¡durante toda la jornada tuvo que seguir el coche de Fogg y Auda a escondidas!

¡A MERCED DE LA TORMENTA!

Todos subieron a bordo del vapor *Rangoon* y partieron.

Fix, en su camarote, intentaba trazar un plan para **atrapar** a Fogg.

Estaba tan seguro de que Phileas Fogg era el ladrón del BANCO DE LONDRES que haría cualquier cosa para arrestarlo.

Ya se había convertido en una cuestión de honor: había fallado en Suez, en Bombay y en Calcuta. ¡En Hong Kong demostraría finalmente de qué pasta estaba hecho!

Le **preocupaba** una cosa, sin embargo: las

órdenes de arresto inglesas sólo tenían valor hasta HONG KONG. De allí en adelante, Fogg no podría ser detenido hasta su vuelta.

«¡SI NO LO CAZO EN HONG KONG, SERÁ DEMASIADO TARDE!»

se repetía sin descanso.

Mientras el agente Fix estaba concentrado en sus planes, Fogg seguía sin dar señales de **PREOCUPACIÓN**. Casi parecía que no hubiera sido él quien se había apostado veinte mil libras por dar la vuelta al mundo.

Una vez más, había encontrado a bordo a otros *apasionados* jugadores de cartas y eso le bastaba. Además, ahora estaba Auda: claro que no puede decirse que Fogg se hubiera convertido en un charlatán, pero la compañía de aquella joven tan culta y amable no le desagradaba en absoluto.

Alguien malicioso podría añadir que la princesa Auda era también **bellísima**, pero esto, hay

que admitirlo, parecía el último pensamiento de Phileas Fogg.

Passepartout, por su parte, llenaba su tiempo como siempre. Pasaba los días COMIENDO, paseando por cubierta y charlando con Fix. El viaje, en suma, continuaba de maravilla.

Sin embargo, el tiempo empezó a cambiar. Nubes cada vez más grandes oscurecieron el cielo sereno de los días precedentes y la placentera brisa dejó paso a un VIENTO cada vez más fuerte.

En pocas horas, el clima cambió completamente y la noche del 3 de noviembre se desencadenó la tormenta.

Tanto el viento como las olas golpeaban el barco con fuerza, haciendo que se balanceara TERRORÍFICAMENTE. Los motores se ralentizaron al mínimo.

Este contratiempo seguro que provocaría otro retraso **IMPORTANTE**, que arriesgaba con comprometer el viaje de Fogg.

Passepartout no cabía en su pellejo de pura ansiedad: si pudiera se lanzaría al mar y arrastraría el barco a nado.

—¡Si no llegamos el 5 de noviembre... —pensaba cada vez más nervioso— perderemos el transbordo con el barco a Yokohama!

Sin poder hacer nada, intentó al menos ser útil para la tripulación: ayudaba a los maquinistas echando paladas de carbón en las calderas, corría de aquí para allá para comunicar las órdenes, y sobre todo trepaba a los MÁSTILES de las velas como un mono.

Finalmente, después dos días terribles, la tormenta se calmó y el barco retomó el viaje a toda ***VELOCIDAD***. Por desgracia, no obstante, el

tiempo perdido no podía recuperarse y el *Rangoon* alcanzó el puerto de HONG KONG a la una del mediodía del 6 de noviembre.

Llevaban un retraso de un día.

Passepartout, ya resignado, estaba apoyado en la borda sacudiendo la cabeza con aire un poco desconsolado.

Fogg, en cambio, que nunca había perdido la *calma*, ni siquiera durante la tormenta, se acercó al capitán y le preguntó:

—¿Cuál es el primer barco a Yokohama?

—¡El *Carnatic*, señor! —respondió el capitán—. Zarpa mañana a las cinco de la mañana.

Al oír esas palabras, Passepartout se acercó sorprendido erizando las orejas.

—Pero ¿no debía partir ayer? —insistió Fogg.

—En efecto —replicó el capitán—. Pero desafortunadamente se le ha **estropeado** una caldera y la partida se ha retrasado hasta mañana.

¡PASSEPARTOUT LANZÓ UN GRITO DE ALEGRÍA!

¡Pobre Passepartout!

¡Qué noticia! Passepartout aún no se lo creía del todo: la **avería** de una caldera los había salvado.

—Como ves, Passepartout... —observó imperturbable Fogg—, no todos los imprevistos crean problemas.

Si hubieran perdido el *Carnatic*, habrían tenido que esperar al menos una semana.

En cambio, así tenían tiempo de dormir en un hotel y partir con *calma* al día siguiente.

Tras acomodarse en sus habitaciones, Fogg llamó a Passepartout y le encargó que fuera al puerto a comprar tres billetes para el *Carnatic*.

Passepartout no esperaba otra cosa: aprovecharía para hacer un poco de TURISMO. Visitar las ciudades donde se detenían ya se había convertido para él en una *pasión*.

En el puerto, no obstante, otra sorpresa agradable lo estaba esperando.

—Le comunico, señor —dijo el taquillero con aire PROFESIONAL—, que la avería ya ha sido **REPARADA**. Por tanto, el *Carnatic* zarpará esta noche en vez de mañana.

«¡MÚSICA PARA MIS OÍDOS! —pensó Passepartout—. De este modo, recuperaremos la mitad del tiempo perdido por culpa de la TORMENTA. ¡Hoy debe de ser mi día de suerte!»

Desafortunadamente, el pobre Passepartout había hablado demasiado rápido: la suerte, de

hecho, le estaba preparando una broma PESADA.

Mientras caminaba por las calles de la ciudad, vio a un ratón que iba a su encuentro y su morro no le era nada desconocido.

—¡Señor Fix! —dijo mientras le estrechaba la PATA—. ¡Parece que me esté siguiendo!

—¡Pues sí que lo parece, sí! —admitió Fix. Después añadió—: ¿Le apetece una taza de té? Quisiera que hablásemos con más calma.

Esta vez, Fix había decidido decirle toda la verdad a Passepartout con la ESPERANZA de obtener su AYUDA.

«Seguro que cuando le diga que su patrón es un ladrón —pensaba—, en seguida aceptará ayudarme.»

A pocos pasos de allí, los dos entraron en una bonita sala de té ORIENTAL y se acomodaron en dos cojines. Passepartout miraba a su alrededor extasiado, pero las palabras de Fix lo devolvieron a la realidad.

—¡Es justo que sepa la verdad, señor Passepartout! —empezó Fix—. ¡Su señor Fogg no es más que un ladrón!

Después, en pocas palabras, le contó la historia del robo en el banco y le mostró la descripción del ladrón, que se correspondía *perfectamente* con Phileas Fogg.

La reacción de Passepartout fue INMEDIATA.

—¿Cómo se atreve? —gritó—. ¿Quién es usted para decir algo así?

—Soy un agente de policía —respondió Fix—, y usted debe ayudarme a retener aquí a Fogg durante unos días.

Passepartout, sin embargo, no quería atender a razones: estaba seguro de la honestidad de Fogg.

—El viaje no es una excusa para ESCAPAR —concluyó—. Fogg ha hecho realmente una apuesta.

En ese instante, Fix comprendió que no había nada que hacer. Passepartout era demasiado fiel a su patrón.

No quedaba más que jugar la última carta para impedir que Fogg partiera. Rápidamente, echó algunas hierbas soporíferas en la TAZA de Passepartout.

Los efectos no tardaron en hacerse notar: tras un breve instante, Passepartout empezó a sentir los párpados **pesados**. Después, poco a poco, vio la habitación que giraba cada vez más **RÁPIDO** y, al final, cayó dormido sobre los cojines.

—¡Bien! Así no podrá advertir a Fogg de que el barco zarpa esta noche... ¡y mañana será demasiado tarde!

La goleta de la Esperanza

Si Fogg no hubiera sido un ratón tan tranquilo y controlado, la mañana del 7 de noviembre habría tenido un gran **SOBRESALTO**.

Tras llamar dos veces al timbre de Passepartout, aún no había recibido respuesta. ¡Pasaba algo extraño: a su mayordomo **NUNCA** había que llamarlo dos veces!

Fogg y Auda descendieron al vestíbulo del hotel y el recepcionista les dijo que Passepartout no había vuelto al hotel la noche anterior.

Impasible como siempre, Fogg tomó el equipaje

y se dirigió hacia el puerto con la princesa. A las

cinco zarpaba el *Carnatic*, y quién sabía por qué, pero Passepartout no estaba allí esperándolos.

Desafortunadamente, una vez en el puerto, recibió dos MALAS noticias: ¡su mayordomo no estaba y, cosa aún PEOR, el barco a Yokohama había zarpado la noche anterior!

Justo en aquel momento, llegó el agente Fix.

—¡Me temo que el próximo barco zarpará dentro de ocho días! —dijo con aire TRISTE.

En realidad, saltaba de alegría por dentro por haber conseguido inmovilizar a Fogg.

—¿Ocho días? ¿Y por qué debería esperar tanto? —contestó Fogg, GÉLIDO—. ¡Habrá algún otro barco que pueda llevarnos a Yokohama!

Y en seguida se puso a buscar a lo LARGO y ANCHO del puerto, acompañado de Auda. Fix, casi sin darse cuenta, lo seguía como un cachorrillo, con la esperanza de que la búsqueda no tuviera éxito. Una vez más, sin embargo, la suerte le dio la espalda.

Tras unas horas, un marinero de aspecto simpático se acercó a Fogg.

—¿Busca un barco, señor?

—preguntó en tono cortés.

Fogg, que no tenía el hábito de confiar en el primero que llegaba, preguntó a su vez:

—¿Con quién tengo el honor de hablar?

TANKADERE

—John Bunsby, señor, capitán de la goleta *Tankadère*.

—¡BIEN, CAPITÁN! —continuó Fogg, satisfecho por la respuesta—. ¿Sería tan amable de llevarnos hasta Yokohama?

Bunsby se quedó con la boca abierta. Miraba a Fogg como si hubiera visto a un FANTASMA.

—¿Bromea, señor? —respondió justo después—. Mi goleta es demasiado ligera para afrontar un viaje así: ¡sería una empresa de **locos**!

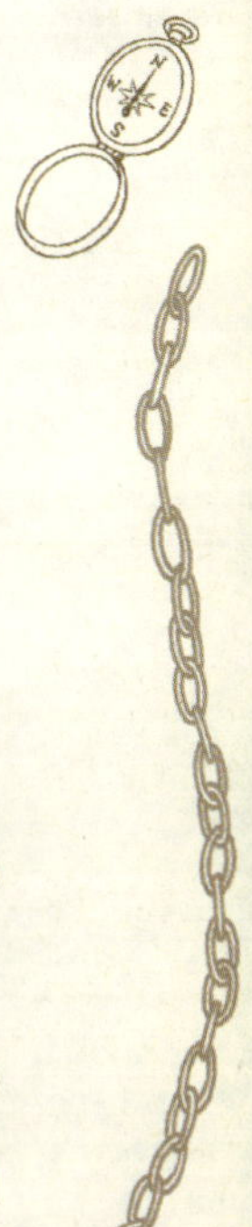

Fogg, que no tenía intención de darse por vencido, continuó:

—Y ¿hasta dónde podría llevarnos su *Tankadère*?

—¡Hasta Shanghai sin problemas! —respondió el capitán con un punto de orgullo.

Fogg no quería parecer descortés, pero objetó que ir a Shanghai no le servía de nada. Él

tenía que llegar a Yokohama. ¡Sólo desde allí **PARTÍA** el barco hacia San Francisco!

—Con el debido respeto, señor —replicó Bunsby—, el barco postal hacia San Francisco *pasa* por Yokohama, pero *zarpa* desde Shanghai.

—¡Le ofrezco cien libras al día si llegamos a tiempo! —propuso Fogg.

El capitán no se lo pensó dos veces:

—¡Hoy es 7 de noviembre! Si el tiempo y la **SUERTE** nos asisten, le garantizo que llegaremos a Shanghai el día 11.

Acordados los últimos detalles, Fogg saludó al capitán y después se volvió hacia Fix:

—Si no es ofensa, estaría orgulloso de poder ofrecerle un pasaje.

Fix estaba obligado a aceptar la invitación. De todos modos, no le quedaba otra que seguir a Fogg hasta Inglaterra.

A las tres de la tarde, la *Tankadère* dejó el puerto de Hong Kong y fue directa a Shanghai. El tiempo era bueno y el barco se DESLIZABA a toda vela empujado por el VIENTO. Ágil y ligera, la goleta parecía hecha a propósito para adaptarse a la línea de la costa CHINA.

El capitán Bunsby guiaba el barco con seguridad. Mientras tanto, la princesa Auda disfrutaba de la partida: apoyada en la barandilla de bronce miraba el horizonte.

—¿Cómo os sentís, *princesa*? —preguntó Fogg acercándose con discreción.

—Bien, señor Fogg —respondió mirándolo a los ojos—. ¡Cuando estoy con usted, no le temo a nada!

¡DE NUEVO OTRA TORMENTA!

Quien no se lo estaba pasando bien, en cambio, era el **POBRE** agente Fix.

También él estaba apoyado en la barandilla, pero, a diferencia de Auda, no disfrutaba en absoluto de la partida. ¡Al contrario!

—Pobre de mí —gemía—. ¡Sólo me faltaba MAREARME!

La suerte no lo estaba ayudando.

Cada vez que estaba a punto de arrestar a Fogg, había tenido que renunciar porque le faltaba la orden de captura.

Y si la hubiera recibido entonces, tampoco le habría servido de nada: en Estados Unidos la orden NO ERA VÁLIDA.

Para arrestar a Fogg, debía esperar a llegar de nuevo a Inglaterra.

—¡Al menos he conseguido algo! Me he librado de ese ENOJOSO mayordomo *francés*! —concluyó, entrando en la cubierta interior, bajo el puente del barco.

Fix, sin embargo, no era el único que pensaba en la suerte de Passepartout. También Fogg se preguntaba qué le habría pasado. Tras reflexionar un rato, concluyó que su mayordomo habría SUBIDO al *Carnatic*, y que se encontrarían en Yokohama. ¡Por lo demás, una vez llegado al puerto japonés, no sería DIFÍCIL descubrir si un francés de nombre Passepartout había llegado en un barco desde Hong Kong!

Mientras, la NAVEGACIÓN proseguía tranquila: en dos días habían recorrido ya más de cien millas.

Los problemas empezaron a primera hora del 9 de noviembre. El mar cambió **BRUSCAMENTE**: olas cada vez más grandes golpeaban los flancos de la goleta. Remolinos PELIGROSOS y corrientes contrarias ralentizaban decididamente la marcha.

El capitán se acercó a Fogg y le dijo:

—¡Debo advertirle, señor, que se está acercando una TEMPESTAD!

—No hay problema, capitán —respondió Fogg sin inmutarse—. Me fío de usted y de su tripulación.

Fogg hizo bien en fiarse, porque al cabo de unas horas la experiencia y la habilidad de Bunsby se demostraron indispensables.

Hacia las ocho, de hecho, se desencadenó

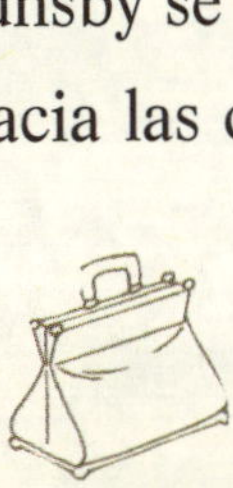

el fin del mundo al ser alcanzada la *Tankadère* por una TERRIBLE tempestad de lluvia y VIENTO.

Fogg, Fix y Auda, que no habían querido descender bajo cubierta, fueron sacudidos de un lado a otro y tuvieron que agarrarse a la borda para no ser lanzados por las altísimas olas. El capitán impartía órdenes que los marineros seguían con precisión y RAPIDEZ.

Más de una vez estuvieron a punto de irse a pique vencidos por la FUERZA del mar, pero cada vez la resistencia del barco y la bravura del capitán evitaron lo peor. La noche fue aún más TERRIBLE, tanto, que en un momento dado Bunsby casi pensó rendirse y atracar en el puerto más cercano.

La obstinación de Fogg, sin embargo, lo convenció de que debía resistir:

—¡Sólo conozco un puerto donde podamos detenernos, y es el de Shanghai! —había respondido impasible mientras el AGUA lo salpicaba con fuerza.

Finalmente, la mañana del 11 de noviembre la tormenta acabó. La goleta retomó la navegación ágil y ligera sobre las OLAS.

Desafortunadamente, el tiempo perdido a causa de la tormenta no se podía recuperar: llegar dentro del horario previsto era imposible. A eso de las siete, la hora en que debían subir al vapor de San Francisco, el puerto de Shanghai aún estaba a tres millas de distancia.

—¡Por cien mil focas! —exclamó Bunsby, soltando el timón—. HEMOS FRACASADO...

GEN. GRANT

Pero en aquel momento una **ENORME** silueta negra apareció en lontananza: el vapor *General Grant*, que partía a toda vela hacia América. Una vez más, sin embargo, Phileas Fogg no se rindió:

—¡Capitán, ponga la bandera a media asta y dispare un **cañonazo** de advertencia!

En el lenguaje marinero, eso es una señal de solicitud de **AYUDA** que quien lo recibe está obligado a responder.

La idea funcionó realmente: en cuanto los del *General Grant* oyeron el cañonazo y vieron la bandera, cambiaron la **ruta** para ir en auxilio de la *Tankadère*.

Pocos minutos después, Fogg, Auda y Fix estaban a bordo del vapor que los llevaría a Estados Unidos. ¡El viaje continuaba!

¿Qué le ha sucedido a Passepartout?

¿Y Passepartout? ¿Qué le había sucedido?

Esto es, en pocas palabras, lo que había pasado.

Después de que Fix se hubiese ido, dejándolo *dormido* en los cojines de la sala de té, dos camareros lo habían «acompañado amablemente» a la puerta (pero quizá sería mejor decir que lo habían echado fuera como a un saco de patatas).

Tras unas horas, se había despertado atontado, pero con una idea fija en la cabeza: ¡embarcarse en el *Carnatic*!

Aún débil y confuso, había llegado hasta el puerto y con un último esfuerzo desesperado había subido al barco. Después, agotado, se había dormido dentro de una chalupa.

Con las primeras luces del alba, una fresca brisa lo había despertado. Poco a poco había empezado a recordar los hechos ocurridos la noche anterior.

También había pensado en la historia del robo del BANCO DE LONDRES y estaba convencido, todavía más, de que Fix le había contado una mentira.

En aquel instante, se había levantado y dirigido al comandante para obtener noticias de su patrón.

Tras presentarse, había preguntado el número del camarote de Phileas Fogg.

El comandante, tras consultar la lista de los pasajeros respondió que a bordo no había nadie con aquel nombre.

Passepartout había intentado insistir, pero el comandante, ya **impaciente**, le había repetido que Fogg no estaba a bordo y se había ido. Passepartout, trastornado, se había dejado caer en una silla.

¿Cómo era posible que Fogg y Auda no estuvieran en aquel barco?

Tras reflexionar durante unos instantes, todo le resultó claro: la culpa era de ese **bribón** de Fix, que no le había permitido volver al hotel. El resultado, por desgracia, era el mismo: Fogg se había quedado en Hong Kong.

Ahora, no obstante, había otro problema que resolver. Las comidas y el alojamiento en el barco habían sido pagados por adelantado...

PERO UNA VEZ LLEGADO A YOKOHAMA, ¿QUÉ TENDRÍA QUE HACER?

En el bolsillo no llevaba más que calderilla, así que había decidido no pensar en ello hasta la llegada.

En aquel momento, sólo podía actuar de una manera: ¡irse a la **COCINA** y llenar bien el estómago!

Una pirámide de narices

La mañana del 13 de noviembre, el *Carnatic* llegó al puerto japonés de Yokohama. Al día siguiente, al mismo puerto **LLEGARÍAN** también Fogg y Auda, que en aquel momento, como sabemos, se encontraban a bordo del *General Grant*.

Passepartout desembarcó **SACIADO** y descansado. Ahora, sin embargo, empezaban los verdaderos problemas.

Durante el viaje había comido por cuatro, pero ahora tenía que apresurarse a encontrar una solución para el **EMBROLLO** en que se había metido. Se detuvo en medio de la multitud de pasajeros que bajaban de la pasarela del barco y MIRÓ a su alrededor.

«Bien, ¿qué podría hacer un mayordomo francés en Japón?», se dijo.

Después de descartar varias hipótesis, entre las que estaba la de trabajar como cantante ambulante, decidió cambiar su ropa por una menos costosa. Del cambio sacaría un poco de dinero para el ALMUERZO.

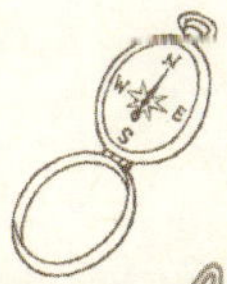

A lo lejos vio una tiendecita que parecía adecuada. Al poco, salió con una **vieja** túnica japonesa y unas pocas monedas en el bolsillo.

Passepartout se dirigió hacia un pequeño restaurante. Allí pidió el almuerzo.

No obstante, tras unas horas el hambre empezó a aumentar y Passepartout, además de con el dinero, había acabado con todas sus ideas.

La única solución posible sería dejar Japón lo más rápido posible, y embarcarse hacia América.

«SÍ... PERO ¿DÓNDE ENCUENTRO EL DINERO PARA EL BILLETE?»,

pensó mientras **DEAMBULABA** desconsolado por las calles de Yokohama.

De repente, vio algo que le llamó la atención. En la pared de una casa había un anuncio que decía así:

Gran Compañía Acrobática de Mr. Batulcar

Último espectáculo antes de la *tournée* por Estados Unidos.

¡Excepcional exhibición de los Narices-Largas!

¡No os lo perdáis!

—¿*Tournée* por Estados Unidos? —leyó en voz alta con los ojos brillándole—. ¡Ésta es la solución a mis problemas!

Encontrar el circo no fue difícil. Cuando llegó frente a una enorme carpa pintada a rayas de colores y llena de carteles comprendió que se encontraba en el lugar preciso. Una especie de COLOSO de grandes bigotes y vestido a la japonesa le vino al encuentro con bruscos modales.

Era el propietario del circo, el señor Batulcar en persona. Passepartout reunió coraje:

—¿Por casualidad no necesita un mayordomo?

—¡Ya tengo dos que trabajan gratis y nunca se quejan! —respondió Mr. Batulcar desagradablemente.

Passepartout, no obstante, no tenía intención de rendirse.

—Sé hacer EQUILIBRISMOS y cantar cabeza abajo, con una peonza en equilibrio en la PATA.

GRAN
COMPAÑÍA
ACROBÁTICA
DE MR. BATULCAR
ÚLTIMO
ESPECTÁCULO
ANTES DE LA
TOURNÉE POR
ESTADOS UNIDOS.
¡EXCEPCIONAL
EXHIBICIÓN
DE LOS NARICES-LARGAS!
¡NO OS LO PERDÁIS!

—Mmm... ¿y también eres robusto? —preguntó.

—¡ROBUSTÍSIMO, señor! —replicó de inmediato Passepartout—. ¡FORTÍSIMO! ¡Sobre todo cuando tengo la tripa llena!

La respuesta DIVIRTIÓ mucho a Batulcar:

—Me ha convencido, jovencito: ¡está contratado!

Entonces, antes de irse, se volvió y añadió:

—¡Empezará hoy mismo con los ensayos! Le pondré a prueba mañana por la tarde con el número de los NARICES-LARGAS.

La exhibición de los Narices-Largas era la atracción principal del circo. Estos acróbatas se presentaban en escena con pequeñas alas BLANCAS en la espalda y una máscara con la nariz larguísima. Las narices, hechas con cañas de BAMBÚ, servían para seguir sus fantásticas evoluciones y, sobre todo, para el famoso número de la «Pirámide».

Un primer grupo de acróbatas se tendía en el suelo con la nariz apuntando hacia arriba. Entonces, un segundo grupo subía encima de ellos y se mantenía en equilibrio. Después, un tercer piso de acróbatas se subía en las narices de los segundos y así sucesivamente. Al final, se formaba una pirámide construida en equilibrio sobre las «narices».

Passepartout, como sabemos, era realmente muy **FUERTE** y por eso fue elegido para sustituir a un equilibrista de la primera fila, la que tenía que aguantar el peso de la pirámide.

La tarde siguiente, el número de los Narices-Largas empezó en el más absoluto de los SILENCIOS.

Aguantando la respiración, el público seguía cada mínimo movimiento. Poco a poco, la pirámide se levantaba hacia el cielo, también con

Passepartout, quien, sin perder los nervios, estaba haciendo su parte de un modo excelente. A los pocos minutos, la pirámide se completó y el público estalló en un ferviente aplauso. Entonces, ¡de repente, llegaron los problemas! La pirámide empezó a oscilar cada vez más RÁPIDAMENTE, el equilibrio se rompió y

¡BADABAM!

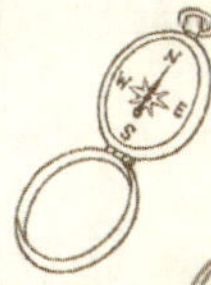

Los equilibristas cayeron al suelo unos sobre otros.

De repente, alguien había abandonado su lugar, provocando el desastre.

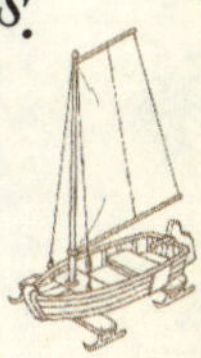

¡Había sido Passepartout!

¡Juntos de nuevo!

Bueno, sí, la culpa fue de Passepartout.

Mientras estaba en aquella **INCOMODÍSIMA** postura en la base de la pirámide, consiguió mirar de reojo hacia el público.

¿Y a quién había visto entre la multitud?

¡A Phileas Fogg y a la princesa Auda!

¿Podéis imaginar la **emoción** y la alegría de Passepartout? Sin pensarlo dos veces, se había levantado de un salto e ido hacia sus dos amigos.

—¡Señor Fogg! —**gritó**, mientras se abría paso entre los espectadores.

—¡Passepartout! ¡Amigo mío! —exclamó Fogg sorprendido. Se acercó al joven mayordomo y le estrechó la PATA. ¡Passepartout estaba feliz!

¡También Auda estuvo muy contenta de ver a

Passepartout y se lo demostró dándole un beso en la mejilla que lo hizo SONROJARSE hasta la punta de la cola!

—¡Ahora será mejor que nos vayamos! —concluyó Fogg dirigiéndose hacia la salida—. El *General Grant* nos espera.

En la puerta, fueron bloqueados por un gigante con las patas en jarras. Era Batulcar, y su expresión no prometía nada bueno.

—¿Adónde os creéis que vais? —gruñó. Después, señalando a Passepartout añadió—: ¡Este gafe ha arruinado el número de los Narices-Largas y, de paso, mi reputación!

—Estoy de acuerdo en compensaros —respondió Fogg sin inmutarse. Y mientras abría la maleta del dinero, le dijo a Mr. Batulcar—: ¿Cuánto quiere?

¡Y así, una vez más, Fogg se vio obligado a desembolsar una buena suma de dinero por culpa dc Passcpartout!

Pocas horas después, los tres subieron de nuevo a bordo del vapor *General Grant*, que partía hacia San Francisco. La travesía del OCÉANO Pacífico duraría 21 días.

Durante el viaje, Fogg y Auda le contaron a Passepartout cómo habían descubierto que se encontraba en Yokohama y cómo el azar (o quizá un presentimiento) los había llevado a entrar en el circo de Batulcar.

La princesa Auda contó también el viaje en el

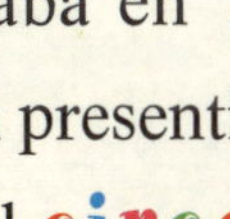

Tankadère en compañía de un tal Fix. Al oír el nombre, Passepartout ni parpadeó, pero

pensó: «Hablaré con Fogg de esta historia sólo después llegar a Londres».

¡Sin embargo, en su interior confiaba en que antes o después, el agente Fix cayera entre sus PATAS para darle una buena lección!

¡AMÉRICA!

Passepartout no tuvo que esperar mucho para que su deseo se viera CUMPLIDO.

¡El agente Fix, de hecho, se encontraba precisamente a bordo del *General Grant*!

Claro que si hubiera sabido que en aquel vapor también estaba Passepartout, habría evitado dejarse ver. Con la bromita que le había gastado en Hong Kong, no esperaba agradecimientos.

¡De hecho, cuando se cruzó con él, Passepartout lo PERSIGUIÓ de un lado a otro del vapor!

—¡Basta, se lo ruego! —boqueó Fix **agotado**.

Entonces, después de recuperar el aliento, dijo—: Tiene razón de estar **ENFADADO** conmigo, pero ahora las cosas han cambiado. ¡También yo quiero que Fogg llegué a Londres, así aclararemos de una vez por todas si es un ladrón o no!

Passepartout quiso darle una última oportunidad, pero prometió que no le quitaría **OJO**.

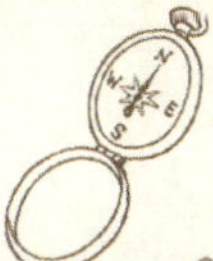

El viaje prosiguió sin problemas y el 23 de noviembre, Fogg pudo anotar en su cuaderno que había recorrido la mitad del planeta. En aquel instante, de hecho, se encontraba en la parte opuesta de la Tierra con respecto a Londres.

Diez días después, es decir, el 3 de diciembre, el *General Grant* echó el ancla en el puerto de San Francisco.

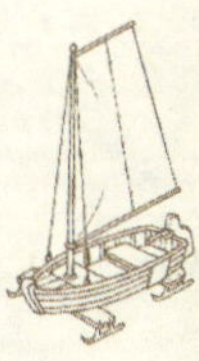

El primer **TREN** hacia Nueva York salía a las seis de la tarde: Fogg tenía tiempo suficiente de pasar por el consulado británico para la habitual firma del pasaporte.

También Auda, Fix y Passepartout lo acompañaron, aprovechando la ocasión para visitar la ciudad. Passepartout estaba fuera de sí de

ALEGRÍA y miraba a su alrededor extasiado:

—¡Qué maravilla, América! —repetía una y otra vez—. El país del progreso, de la LIBERTAD y de la fraternidad.

¡Justo cuando terminaba esta frase, dobló la esquina y una manzana demasiado madura le dio en todo el morro! Sorprendidísimo, Passepartout se vio rodeado por una multitud inmensa que gritaba y agitaba pancartas.

La gente discutía muy animadamente, lanzando fruta, verdura y todo lo que tenían al alcance de las PATAS.

¡Habían llegado justo en medio de unas elecciones! ¡Era evidente que los dos grupos políticos, después de mucho discutir, habían pasado a maneras más duras de defender las propias opiniones!

—¡Sería mejor ALEJARNOS en seguida, señor Fogg! —sugirió en aquel instante Passepartout abriéndose paso a empujones entre la multitud. En un momento dado, un gran roedor con una extraña **barbita** en el mentón y un enorme sombrero fue a chocar contra el agente Fix.

—¡Señor! —exclamó Fix indignado—. ¡Al menos podría pedir disculpas!

—¡Yo no me disculpo ante nadie! —respondió el otro con aire amenazador. Agarró al pobre por el cuello de la chaqueta y lo lanzó al suelo.

Fogg, que había asistido a la escena con aire indignado, intervino en seguida:

—¿Podría saber su nombre, señor? —preguntó secamente.

—¡Coronel Stamp Proctor! —respondió el otro con una mueca.

—¡Bien, coronel Proctor, es usted un gran maleducado! —concluyó Fogg—. ¡Me veo obligado a retarlo a un duelo!

El coronel Proctor, que parecía un tipo muy decidido, no se lo pensó dos veces y empezó a quitarse la chaqueta.

El imprevisto de los bisontes

—Desafortunadamente, no puedo batirme con usted en este momento: hay un TREN que me espera —dijo Fogg cuando vio que su adversario se preparaba—. Pero ¡le doy mi palabra de *gentilratón* de que volveré! —Entonces, sacó una tarjeta del chaleco y añadió—: ¡Ésta es mi tarjeta de visita!

Fogg y sus compañeros se DIRIGIERON hacia la estación.

A las seis en punto, tomaron el tren que los llevaría a Nueva York a través de la Pacific Railway que atravesaba Estados Unidos en toda su **longitud**.

El viaje, que debía durar siete días, se reveló más DIFÍCIL de lo previsto. El primer incidente llegó la mañana del tercer día. Con las primeras luces del alba, Passepartout, que era siempre el primero en levantarse, abrió despacio un ojo. Después, mirando por la ventanilla, le pareció ver una NUBE blanca en el horizonte. Abrió también el otro ojo y vio que la nube se hacía cada vez más grande y se acercaba peligrosamente al tren.

—¡Quizá aún esté soñando! —dijo, frotándose los ojos.

Cuando se despertó del todo y pudo mirar mejor, vio una inmensa manada de bisontes que avanzaba levantando una gran nube de **POLVO**.

Presa del temor de que el TREN pudiera en-

PACIFIC

contrarse con los bisontes, empezó a **gritar**:

—¡Rápido, rápido, despierten! ¡Estamos a punto de ser embestidos!

Pero el tren se detuvo a tiempo de permitir que los bisontes atravesaran las vías.

Lamentablemente, los animales se lo tomaban con calma.

—**¿Cuánto durará todavía esta historia?**

—le gritó Passepartout al revisor del tren.

El otro, sin perder la calma, le respondió que a veces pasaban tres horas antes de que cruzaran todos los **BISONTES**.

—¿Tres horas? ¡No es posible! —se desesperó Passepartout—. ¡Así llegaremos con retraso a Nueva York!

Como era previsible, Fogg ni siquiera funció el cejo ante el nuevo contratiempo.

Passepartout, en cambio, con el pasar de las horas, se ponía cada vez más nervioso. Después de tres largas horas, el tren pudo partir. Pero sólo una hora después volvió a detenerse. El revisor traía malas noticias:

—¡El puente de Medicine Bow amenaza con derrumbarse! No podemos pasar... Pero quizá lanzando el tren a toda VELOCIDAD podríamos conseguirlo.

En efecto, de ese modo, el peso del tren resultaría inferior, pero de todos modos se trataba de una maniobra muy peligrosa...

¿Quién osa interrumpir un duelo?

Todo estaba listo para la **PELIGROSA** maniobra.

El maquinista llevó la caldera a la máxima potencia. Después, con un larguísimo silbido, el **TREN** se lanzó a toda ***VELOCIDAD*** por las vías. Se deslizaba veloz, casi suspendido en el aire.

Todo ocurría tan rápidamente que nadie se hubiera dado cuenta de nada, de no ser porque pocos segundos después, el puente cayó al vacío con un estruendo **ensordecedor**.

Pasado el enésimo peligro, Passepartout volvió

a sentarse en el vagón. En aquel momento se dio cuenta de que en el tren había un pasajero al que habría EVITADO de buena gana, ¡el coronel Proctor!

Por suerte, el Señor Fogg dormía, y así sólo les comunicó la presencia del coronel en el tren al agente Fix y a la princesa Auda.

En cuanto oyó pronunciar el nombre, Auda PALIDECIÓ como una sábana.

Ya desde hacía algún tiempo se sentía muy LIGADA a Fogg. Sentía gran estima y afecto por aquel gentil ratón tan atento con ella.

La idea de que él pudiera arriesgar la vida en un duelo la hacía estremecerse hasta la cola.

—¡Debemos impedir que Fogg y el coronel Proctor se encuentren! —dijo preocupada.

—¡Será difícil! —intervino Passepartout.

—El TREN no es muy grande y no podemos mantener al Señor Fogg ATADO al asiento —replicó el mayordomo.

En cuanto oyó esas palabras, los ojos de Fix se iluminaron.

—Un modo de tenerlo pegado al asiento sería

Auda y Passepartout se miraron sorprendidos, pero cuando Fix expuso su plan se entusiasmaron.

—¡Será suficiente con mantenerlo ocupado jugando a cartas! —explicó con aire satisfecho.

Como estaba previsto, Fogg aceptó la invitación con placer:

—¡Gran idea! —respondió, feliz de poder dedicarse a su pasatiempo preferido.

La idea de Fix parecía funcionar: Fogg estaba tan concentrado en el juego que no se levantaba de su sitio ni siquiera para COMER.

Pero hacia la tarde, en medio de una partida, una voz CAVERNOSA resonó a las espaldas de Fogg:

—¡Yo en su lugar me descartaría de la reina de corazones!

Podéis imaginar las caras de Passepartout, Auda y Fix al volverse y ver al coronel Proctor.

—¡Nos encontramos de nuevo! —dijo Fogg posando las cartas en la mesa—. Así resolveremos de una vez por todas el asunto del duelo.

Auda le rogó que lo olvidara, pero no tenía nada que hacer. Cuando un *gentilratón* inglés desafía a alguien a un duelo, no hay nada que pueda hacerlo cambiar de idea.

Como lugar del **COMBATE** fue elegido el último vagón, que se vació de pasajeros.

Los dos empuñaron las **ARMAS** y se alejaron diez pasos. Después se volvieron y se encontraron el uno frente al otro con las pistolas apuntándose.

Pero en el preciso instante en que estaban a punto de apretar el gatillo, se desencadenó el **fin del mundo.**

El coraje de Phileas Fogg

Gritos **salvajes** y tiros de fusil estallaron en la llanura, y en pocos minutos el **TREN** fue rodeado por decenas de hombres a caballo armados con arcos y flechas.

¡EL TREN ESTABA SIENDO ATACADO POR LOS INDIOS!

El coronel Proctor y Fogg, con las armas en las patas, se precipitaron hacia las ventanillas. Ambos demostraron ser muy **VALIENTES:** sus disparos mantenían alejados a los adversarios.

Se complementaban el uno al otro.

La batalla, mientras tanto, se había recrudecido.

Los sioux habían conseguido subirse al tren y corrían por todos lados. Los pasajeros se defendían con valentía, sin embargo no resistirían mucho más.

Además, el **MAQUINISTA** había sido herido en un hombro y ahora la locomotora corría a toda **VELOCIDAD** sin ningún control.

—¡Hay que detener el **TREN** como sea en la estación de Fort Kearney! —le **gritó** el revisor a Fogg—. ¡Allí hay un destacamento de soldados que puede salvarnos!

—¡Le prometo que se detendrá! —respondió Fogg—. ¡Aunque sea lo último que haga!

Passepartout no le dio tiempo a moverse:

—Esto es cosa mía, *señor*.

Dicho esto, abrió una trampilla del suelo y con agilidad se deslizó debajo del vagón. Desde allí, **agarrándose** a los hierros de las ruedas,

FORT KEARNY
FORT KEARNY
717

recorrió el convoy entero pasando de un vagón a otro. Mientras encima de él continuaba la batalla, Passepartout consiguió alcanzar la **LOCOMOTORA**, y, con un último esfuerzo, la desenganchó del resto del convoy.

—Justo a tiempo —suspiró mientras veía cómo se **ALEJABA** la locomotora. Los vagones, como era de esperar, ralentizaron la marcha hasta detenerse en la estación de Fort Kearney.

Los soldados de la estación, advertidos ya por los **DISPAROS** de fusil, se lanzaron en seguida en auxilio de los pasajeros.

Los indios se fugaron en pocos minutos. ¡La batalla había acabado!

Por desgracia, antes de irse, los sioux hicieron **PRISIONEROS**. ¡Y entre ellos estaba también Passepartout!

Fogg le propuso al capitán correr en su ayuda,

pero el militar respondió que no podía dejar la estación sin defensa alguna.

—Entonces ¡iré yo solo! —concluyó Fogg con un tono que no admitía réplica—. Entre los prisioneros está mi *fiel* mayordomo y haré lo que sea para traerlo aquí sano y salvo.

Frente a esas palabras, el capitán bajó la mirada y respondió:

—Usted es una persona valiente... y por eso quiero **AYUDARLO**. —Entonces añadió—: Tome treinta de mis soldados y parta. Le deseo buena suerte.

Pasaron unas horas, pero todavía no se veía volver a nadie.

Hacia la noche, el **FRÍO** aumentó y empezó a nevar. Mientras, en la caldeada sala de la estación, Auda y Fix esperaban cada vez más impacientes.

Por la noche se desencadenó una tormenta de nieve y por la mañana todos estaban preparados para lo peor. De repente, sin embargo, se oyeron **ruidos** de cascos de caballo provenientes de la llanura.

Auda se precipitó fuera y, en la **TORMENTA** de nieve, vio siluetas que avanzaban hacia la estación.

A la cabeza del grupito iban el señor Fogg y Passepartout.

¡En trineo a toda vela!

Gritos y saltos de alegría recibieron el retorno del destacamento. Auda estrechaba las PATAS de Fogg y de Passepartout y no conseguía contener las lágrimas. También Fix, aunque intentara esconderlo, tenía los ojos brillantes de la emoción.

Desafortunadamente, sin embargo, pocas horas antes del regreso de Fogg y Passepartout, la locomotora había sido reenganchada al convoy y el TREN había partido.

De nada habían servido las súplicas de Auda: el maquinista debía respetar el horario y no podía esperar más.

Cuando Passepartout supo la noticia, se derrumbó sin **FUERZAS** en un banco.

—Pobres de nosotros —gimoteó, con la cabeza entre las PATAS—. ¡Esta vez no lo conseguiremos! ¡La apuesta está perdida!

El siguiente tren pasaría aquella noche y Fogg ya llevaba ocho horas de retraso respecto al programa.

—No temas, Passepartout —lo animaba Fogg con su habitual *calma*—. Ya verás cómo esta vez también encontraremos una solución.

De hecho, una vez más, tenía razón, y la ayuda llegó del modo más inesperado.

—Escuche, señor Fogg —comenzó Fix—. ¡Habría un modo de llegar a Nueva York a tiempo!

Auda y Passepartout lo miraban muy **sorprendidos**.

—Ayer por la noche conocí a alguien que podría **AYUDARNOS**.

—¿Y quién es ese señor? —preguntó Fogg.

Fix esbozó una SONRISA:

—¡Síganme y lo descubrirán ustedes mismos!

Unos minutos más tarde se encontraron frente a un americano de nombre Mudge, único propietario y piloto de un trineo a vela. Parecía una barca montada sobre dos enormes patines. Mudge explicó que su trineo era capaz de ***ALCANZAR*** la estación de Omaha en menos de cinco horas, de donde partían muchos trenes hacia Nueva York.

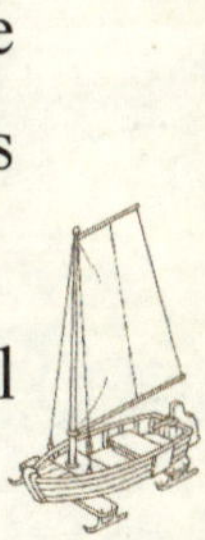

¡Recuperar ocho horas de retraso no era del

todo imposible, pero había que partir de inmediato!

Fogg no se lo pensó dos veces. A las ocho, el trineo, con cinco pasajeros a bordo, se lanzó a través de la llanura helada con el **VIENTO** a popa.

La noche era **GÉLIDA** y estaba iluminada por una resplandeciente luna. El trineo se deslizaba rápido y silencioso.

Los pasajeros, tapados hasta las orejas, estaban inmóviles como estatuas de hielo.

Gracias a la ayuda del viento y a la habilidad del piloto, llegaron a su destino dentro del horario.

Fogg recompensó a Mudge espléndidamente.

Entonces, junto con sus compañeros, corrió al primer **TREN** a Nueva York. ¡Allí los esperaba el vapor *China* para llevarlos finalmente a Europa!

¡Un nuevo retraso!

Fogg y todos sus compañeros de viaje LLEGARON a Nueva York a las once y media de la noche. Lamentablemente, el vapor *China* directo a Liverpool había zarpado hacía cuarenta y cinco minutos.

Fogg no le hizo ningún **reproche** al pobre Passepartout, pero esta vez la situación era verdaderamente grave. El primer barco en partir a Inglaterra zarpaba el 14 de diciembre. ¡Demasiado tarde para poder ganar la apuesta! Había que encontrar una solución alternativa. Fogg recorrió el puerto de punta a punta en busca de alguien que zarpara hacia Europa. Cuando ya estaba a punto de rendirse, vio un pequeño mercante de hélices listo para partir. SU NOMBRE ERA *HENRIETTA*.

Fogg se acercó y preguntó por el capitán. Una especie de lobo de mar GRANDE Y GORDO, con dos enormes patillas y aspecto rudo, le fue al encuentro.

—¿Es usted el comandante del *Henrietta*? —preguntó Fogg.

—¡Andrew Speedy en persona! —respondió el capitán!

—¡Veo que PARTEN! —continuó Fogg—. ¿Por casualidad van a Inglaterra?

—¡Ni pensarlo! —respondió el capitán—. Mi destino es el puerto de Burdeos, en Francia.

—Si le pagara bien, ¿podría llevarme a mí y a mis tres compañeros a Liverpool?

—¿Es que quizá hablo otro idioma? —respondió el capitán de manera poco cortés—. ¡Le he dicho que no voy a Inglaterra!

Fogg comprendió que se las veía con un hueso duro de roer, pero tenía que llegar a Europa a toda costa. Así que se jugó el todo por el todo:

—Le ofrezco ocho mil dólares si nos lleva a Burdeos con usted.

La táctica funcionó. Speedy no podía rechazar una oferta tan APETITOSA. A las nueve en punto, Fogg y todos sus compañeros se embarcaron en el *Henrietta*, listos para afrontar el inmenso océano Atlántico.

¡El propio Fogg se puso al timón!

Ya que Speedy no quería llevarlo a Liverpool, había decidido irse por su cuenta. Con la ayuda

de unos pocos billetes, había convencido a la tripulación para que se pusiera de su parte y había hecho **ENCERRAR** al capitán en su camarote, al menos hasta que llegaran. El viejo Speedy no se lo había tomado demasiado bien.

¡Parecía un **TIGRE** enjaulado y hasta Passepartout, cuando le llevaba la comida, evitaba acercarse demasiado!

La primera parte del viaje fue tranquila.

Los problemas llegaron el 12 de diciembre.

El maquinista se acercó al señor Fogg con una noticia PREOCUPANTE:

—¡Tengo que advertirle, señor, que la reserva de **CARBÓN** está a punto de acabarse!

Fogg, como siempre, no perdió la calma ni por un instante:

—¿Cuánta autonomía nos queda? —preguntó.

—Tenemos carbón sólo para dos días más —respondió desconsolado el maquinista.

—¡Excelente! —respondió Fogg tranquilo—. Entonces ¡seguid llenando la CALDERA!

¡UN VERDADERO LOBO DE MAR!

Naturalmente, Fogg sabía lo que hacía y estaba urdiendo otra de las suyas. Dos días después, de hecho, poco antes de que el **CARBÓN** se terminara, llamó a Passepartout y le dijo:

—¡Tráeme aquí al capitán Speedy!

Al cabo de pocos minutos, el capitán llegó al puente de la nave.

ROJO como un pimiento y con los músculos en tensión, le espetó a Fogg:

—¡Ladrón de barcos! ¡Pagará caro este motín!

Fogg, nada asustado, empezó a hablar:

—Estimado capitán, he querido que hablemos porque tengo la intención de comprar el *Henrietta* por sesenta mil dólares.

Speedy enmudeció de golpe.

¿Sesenta mil dólares? ¡Con aquella suma podría comprar tres barcos como el *Henrietta*!

El capitán habló a Fogg con un tono más *amable*:

—Bueno, pensándolo bien... ¡su propuesta no está nada mal!

Fogg precisó que no quería comprar todo el barco, sino la parte de **MADERA**.

—La necesito para alimentar la caldera. ¡En lugar de carbón, quemaremos el *Henrietta*!

Pocos minutos después, el barco parecía una **CARPINTERÍA**: todos trabajaban para alimentar las calderas. Passepartout era el más activo de todos: cortaba, serraba y partía.

¡Parecía que no hubiera hecho otra cosa en la vida!

Durante dos días enteros, el *Henrietta* NAVEGÓ a todo vapor y, finalmente, el 20 de diciembre a las diez de la noche, avistaron las costas de Irlanda. ¡Faltaban menos de veinticuatro horas para que se acabara el tiempo y Londres aún estaba lejos!

A aquella **VELOCIDAD**, veinticuatro horas apenas serían suficientes para llegar a Liverpool y, lo que era aún peor, ya no quedaba nada que **QUEMAR**.

Mientras Fogg pensaba qué hacer, se acercó el capitán Speedy.

—Lo siento, señor Fogg, pero a este paso nunca llegaremos a tiempo a Liverpool! —Entonces,

señalando un punto iluminado de la costa, añadió—: Aquello que se ve allí sólo es el puerto de Queenstown.

—¡Ah! —respondió simplemente Fogg—. Entonces desembarcaremos en Queenstown.

Quizá no todo estuviera perdido: Fogg sabía que desde allí partían cada hora muchos trenes hacia Dublín. Una vez allí, no sería DIFÍCIL alcanzar Liverpool en barco. A la una de la noche, el *Henrietta,* que ya estaba reducido casi a una carcasa de hierro, entró en el puerto de Queenstown y pocos minutos después los cuatro compañeros se encontraban en un TREN hacia Dublín.

VIAJARON toda la noche, primero en tren y luego en barco.

A las doce menos cuarto del día siguiente, es decir, el 21 de diciembre de 1872, estaban en Liverpool.

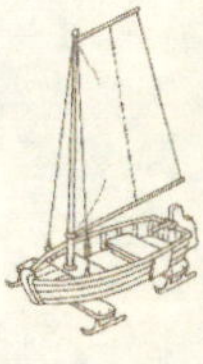

¡En aquel momento faltaban **ocho horas** para que acabara el tiempo, pero para llegar a Londres bastaban sólo seis!

La apuesta ya estaba prácticamente ganada.

Passepartout no cabía en su **pellejo** de alegría. Pero una vez más, justo cuando todo parecía resuelto, ocurrió algo que lo dejó **HELADO**.

Fix, que hasta entonces se había mantenido aparte, cambió la expresión de **GOLPE**. Después, con paso seguro se acercó a Fogg y le preguntó:

—¿Es usted el señor Phileas Fogg?

Fogg no solía sorprenderse, pero en aquel momento pensó que Fix había perdido realmente la cabeza.

—**¡Claro que soy yo!** ¡Ya debería conocerme!

Fix lo miró severamente, y después, con voz firme y autoritaria, le dijo:

—Entonces ¡le ruego que me siga! ¡Desde este momento está bajo arresto!

¡Fogg ha perdido!

—¡Al MAR! ¡Tendría que haberlo tirado al mar! Ése es el fin que se merecía ese traidor!

Quien gritaba de ese modo era Passepartout, enfadadísimo con el agente Fix.

En el momento del arresto, el mayordomo francés había intentado intervenir, pero Fix había pedido **REFUERZOS** y Fogg había sido apresado. De esta forma, Passepartout había seguido a su patrón y ahora caminaba de un lado a otro delante de la puerta de la prisión.

Su enfado contra Fix, en vez de disminuir,

aumentaba cada vez más. ¡Si lo hubiera tenido al alcance de las PATAS le habría anudado la cola con gusto!

—¿Cómo ha podido, ese villano, jugarle una mala pasada así al señor Fogg? ¡El patrón siempre lo ha tratado como a un invitado! —repetía dirigiéndose a la princesa Auda.

Tampoco ella había querido abandonar a Fogg y ahora lloraba sentada en un banco.

A pocos metros de ellos, encerrado en una celda, estaba Fogg: sentado en el catre con el busto inmóvil, miraba las rejas que tenía frente a sí.

¿Qué era lo que estaba pensando?

Cualquier otro en aquel momento estaría desesperado, gritando su propia inocencia. Fogg, en cambio, estaba calmado e **IMPASIBLE**, como si no hubiera pasado absolutamente nada. El reloj de la prisión dio la una.

Por un instante, la mirada de Fogg dio un **respingo**: ¡si tomara un **TREN** en aquel momento, aún podría llegar a Londres a tiempo! Pero fue sólo un instante; después, Fogg volvió a mirar la pared, mientras el tiempo continuaba pasando inexorable.

¡LAS DOS!

Ya estaba todo perdido: el tiempo acabaría seis horas y cuarenta y cinco minutos después, y él acabaría en la miseria.

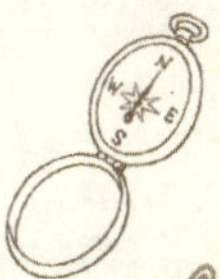

En ese momento, sólo un **MILAGRO** podría salvar a Fogg.

¡Y el milagro llegó!

En cuanto el reloj dejó de sonar, Fogg oyó un estruendo en el pasillo. Se oían pasos a la carrera que **retumbaban** y voces muy agitadas. Entre todas destacaba la de Passepartout.

De repente, la puerta de la celda se abrió de golpe y Fogg se encontró frente a su *fiel* mayordomo y a la princesa.

Tras ellos estaba el agente Fix, totalmente SUDADO y casi sin aliento.

Agitadísimo, se acercó a Fogg y farfulló:

—Señor Fogg, yo ¡le pido disculpas! —Después, sonrojándose, añadió—: ¡He cometido una equivocación terrible! El verdadero ladrón ya está en **PRISIÓN** desde hace tres días. ¡ES USTED LIBRE!

Fogg se levantó sin decir una palabra. Entonces se acercó a Fix y con la expresión más calmada del mundo... ¡le aplastó el bombín, incrustándoselo hasta los ojos!

—¡Bien hecho! —gritó Passepartout DIVERTIDO.

Tras dejar al pobre Fix apañándoselas con su sombrero, los tres salieron de la prisión a todo CORRER.

No había tiempo que perder, quizá aún había una posibilidad de conseguirlo.

En pocos minutos llegaron a la estación de Liverpool y se informaron sobre los trenes hacia Londres.

—¡Lo siento, señores! —respondió el taquillero—. El último tren a Londres ha partido hace veinte minutos.

Sin darse por vencido, Fogg hizo preparar un **TREN** especial, gastándose en ello el último dinero que le quedaba. Cuando llegaron a Londres y bajaron del tren, todos los relojes de la estación daban las nueve menos diez.

¡Había perdido la apuesta!

Después de haber dado la vuelta al mundo y haber superado mil dificultades, Fogg se había retrasado sólo **CINCO MINUTOS**.

¡PHILEAS FOGG ESTÁ ENAMORADO!

El domingo 22 de diciembre de 1872 fue un día muy FRÍO. Aquel día los ciudadanos londinenses deambulaban por la ciudad envueltos en mullidas capas o se quedaban al CALOR de sus hogares.

Entre los que no salieron de su vivienda estaba también Phileas Fogg.

La noche anterior, tras la llegada a la estación, REGRESARON de inmediato a casa. Fogg acomodó a Auda en la habitación de invitados y después, en silencio, se retiró a su propia habitación.

Passepartout, con los ojos hinchados de llorar y

la cabeza gacha, le había dado las *buenas noches* y había ido a tumbarse en la cama, desesperado.

Ahora, Fogg estaba en su estudio, solo y silencioso como siempre.

La casa de Saville Row estaba como la habían dejado el día de la **PARTIDA**. Parecía que nada hubiese cambiado y que aquélla fuera una jornada como todas las demás: ¡en cambio habían pasado ochenta días y Phileas Fogg era un roedor **arruinado**!

Fogg pasó el día entero en su estudio, mirando por la ventana.

El pobre Passepartout estaba **hundido**: seguía pululando alrededor de su patrón buscando excusas para dirigirle la palabra. Pero cuando se lo encontraba de frente, no tenía el coraje de hablarle.

—Tenemos que hacer algo por él —dijo la princesa Auda señalando a Fogg—. ¡No puede seguir así!

—¡Tiene toda la razón, princesa! —respondió Passepartout—. Pero usted también lo conoce: ¡el señor Fogg NUNCA aceptaría nuestra AYUDA!

En efecto, Fogg era muy orgulloso y no había nada que ellos pudieran hacer para ayudarlo.

Sólo después de cenar, Fogg se decidió a hablar.

—Mi querido Passepartout —dijo en tono amable—. ¡Dígale a la princesa Auda que tengo algo que decirle!

Passepartout no sabía por qué, pero en aquel momento se sintió feliz.

En cuanto entró en la habitación de Fogg, Auda le salió al encuentro SONRIENDO.

—Estoy contenta de que haya querido verme.

—Entonces, SONROJÁNDOSE ligeramente, añadió—: Si me permite, después yo también tengo que decirle algo, Phileas.

Con su habitual tono impasible, Fogg dijo:

—¡Princesa Auda, la he llamado para pedirle disculpas!

Auda lo miraba sorprendida, sin entender:

—Pero ¡no tiene POR QUÉ disculparse!

Fogg, no obstante, la interrumpió y siguió:

—En cambio, yo creo que tiene que perdonarme. La he traído hasta Inglaterra, arriesgando su vida varias veces. —Entonces, mirándola fijamente a los ojos, concluyó—: Y ahora que está aquí, yo estoy arruinado. No puedo ofrecerle nada.

Después de haber escuchado aquellas palabras, la princesa Auda casi no podía contener las lágrimas.

—¡Fogg usted me ha salvado la vida y yo se lo agradeceré siempre!

Entonces, acercándose, le tomó la PATA y susurró:

—¡Yo lo seguiré siempre, vaya a donde vaya!

Por primera vez en su vida, Fogg perdió su proverbial *calma*:

—Qui-quiere decir que... en resumen...

—¡Sí, Phileas! —le contestó—. **¡Le amo!**

Sin esperar respuesta, abrazó a Fogg y lo besó.

Cuando Passepartout entró en la habitación y los vio, ¡por poco se desmaya de la alegría!

¡Golpe de efecto!

Passepartout se había quedado inmóvil como un bacalao.

Sólo las palabras de Fogg lo reanimaron:

—¡Rápido, Jean! ¡Corre a buscar al reverendo Wilson!

¡Auda y yo nos casamos mañana lunes!

Passepartout no se lo pensó dos veces y salió a la carrera.

Auda y Fogg lo siguieron con la mirada, pensando lo muy afortunados que habían sido al conocer a Passepartout.

Hacia las ocho y media bajaron al estudio y se

sentaron frente a la chimenea. ¡Había tanto que hacer antes de la boda!

Justo en ese instante, la puerta de entrada se abrió y Passepartout IRRUMPIÓ en la casa como un regimiento de caballería. Dio unos pocos pasos y cayó al suelo, AGOTADO. Estaba en un estado TERRIBLE: despeinado, sin sombrero y, sobre todo, sin aliento. En cuanto tuvo fuerzas para hablar dijo:

—¡La boda está aplazada! ¡El reverendo Wilson me ha enseñado el calendario!

Fogg no conseguía entender nada:

—¿El calendario? ¿Qué estás diciendo?

—¡Digo que mañana no es lunes, sino domingo 22 de diciembre! —dijo Passepartout de carrerilla—. Hoy es sábado 21 de diciembre: ¡hemos llegado con un día de adelanto! ¡Nos equivocamos!

Phileas Fogg se iluminó de golpe:

—Entonces ¡aún hay una esperanza! ¡La apuesta no está perdida!

Sin siquiera coger el sombrero, corrió a la calle SEGUIDO por Passepartout.

Poco después, a las ocho cuarenta del sábado 21 de diciembre, los dos recorrían a toda velocidad las calles de Londres a bordo de un coche. En ese mismo instante, cinco de los socios del Reform Club se hallaban devorados por la tensión.

—¡Nunca lo conseguirá! —dijo Stuart.

—¡Tiene razón! Ya son la ocho y cuarenta y cuatro —convino Gauthier Ralph.

Era el único de ellos que respondió. Los demás estaban tan nerviosos que no conseguían apartar los ojos del reloj.

Las manecillas corrían VELOCES.

Menos diez... nueve... ocho...

Gotas de sudor caían de las frentes de los cinco roedores. TRES... DOS... UNO... ¡BAM!

En aquel preciso instante se abrió la puerta y

Phileas Fogg hizo su entrada triunfal en el Reform Club.

A las ocho cuarenta y cinco en punto del 21 de diciembre, preciso como un reloj suizo, había completado

LA VUELTA AL MUNDO.

Algunos lectores se preguntarán cómo lo había hecho para llegar con un día de adelanto. ¡Muy simple! Imaginad que la Tierra estuviera dividida en tantos gajos como una naranja: 360 gajos, para ser exactos. Bien, girando alrededor de la Tierra de oeste a este

(es decir, a la derecha), se ganan 4 minutos por cada gajo.

Por eso, cada vez que se avanza un gajo habría que retrasar las agujas del reloj 4 minutos. Así, al final de la vuelta, el reloj se habría retrasado 24 horas, es decir, 4 minutos multiplicados por 360 veces.

Así se explica por qué Fogg llegó con 24 horas de adelanto, ¡o sea, un día! En conclusión, Fogg consiguió dar la vuelta al mundo y GANAR las veinte mil libras de la apuesta.

Por desgracia, durante el viaje había perdido otras tantas y al final del viaje no era ni más rico ni más pobre que antes. En compensación, sin embargo, había encontrado el **amor** de una *princesa*.

¡Y un gran amigo como Passepartout!

ETAPAS DE LA VUELTA AL MUNDO

Londres-Bríndisi: tren

Bríndisi-Bombay:
vapor Mongolia

Bombay-Kholby: tren

Kholby-Allahabad: elefante

Allahabad-Calcuta: tren

Calcuta-Hong Kong:
vapor *Rangoon*

Hong Kong-Yokohama:
vapor *Carnatic*
(sólo Passepartout)

Hong Kong-Shanghai:
goleta *Tankadère*
(Fogg, Auda y Fix)

Shanghai-Yokohama:
vapor *General Grant*
(Fogg, Auda y Fix)

Yokohama-San Francisco:
vapor *General Grant*

San Francisco-Fort Kearney:
tren (Pacific Railway)

Fort Kearney-Omaha:
trineo a vela

Omaha-Nueva York: tren

Nueva York-Queenstown:
mercante *Henrietta*

Queenstown-Londres: tren

LONDRES
BRÍNDISI
SUEZ
EENSTOWN
ALLAHABAD
KHOLBY
CALCUTA
BOMBAY
YOKOHAMA
SHANGHAI
HONG KONG

Julio Verne

Julio Verne nació en Nantes, Francia, en 1828. Destinado a seguir las huellas de su padre, abogado, demostró desde pequeño su pasión por los viajes y las aventuras: a los 12 años se embarcó a escondidas en un mercante hacia América, pero ¡fue descubierto y devuelto a casa!

Tras esta aventura, el padre lo mandó a París para

estudiar Derecho, pero Julio pasaba los días en las bibliotecas, inmerso en la lectura de sus novelas preferidas. En una de esas jornadas, conoció al escritor Alejandro Dumas, que lo ayudó a publicar sus primeras obras teatrales. Acabados los estudios, se hizo agente de bolsa y se casó con Honorine Morel. A Verne, sin embargo, no le gustaba su trabajo y seguía soñando con ser escritor. Finalmente, en 1863 consiguió publicar su primera novela de aventuras por entregas, titulada *Cinco semanas en globo*. Desde entonces, nunca dejó de escribir y publicó sesenta novelas, entre ellas: *Viaje al centro de la tierra* (1864), *Los hijos del Capitán Grant* (1868), *Veinte mil leguas de viaje submarino* (1869), y *La vuelta al mundo en ochenta días* (1873).

Julio Verne murió en 1905, en Amiens, Francia, a la edad de 77 años.

Índice

❑ 1. Mi nombre es Stilton, Geronimo Stilton

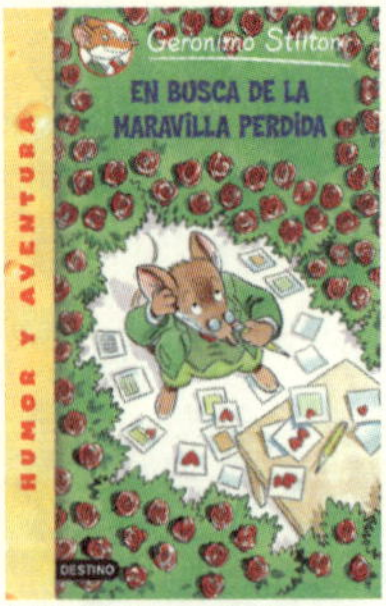

❑ 2. En busca de la maravilla perdida

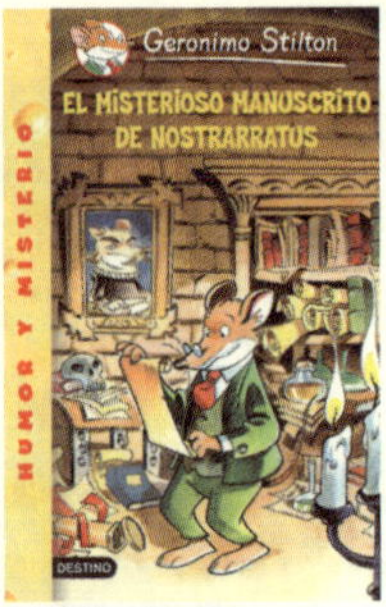

❑ 3. El misterioso manuscrito de Nostrarratus

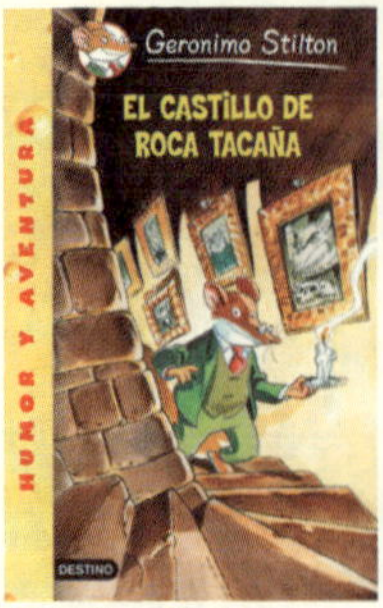

❑ 4. El castillo de Roca Tacaña

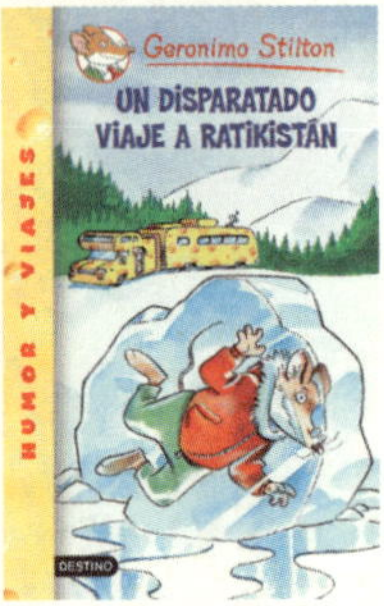

❑ 5. Un disparatado viaje a Ratikistán

❑ 6. La carrera más loca del mundo

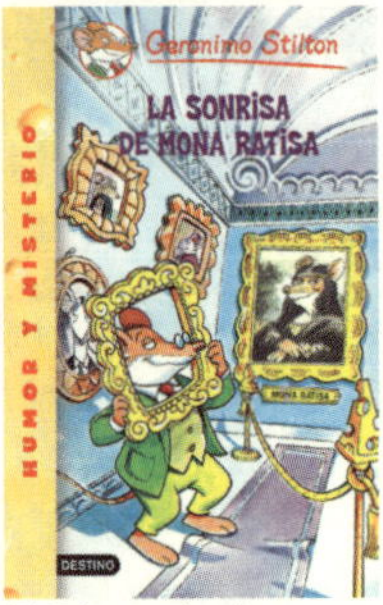

❑ 7. La sonrisa de Mona Ratisa

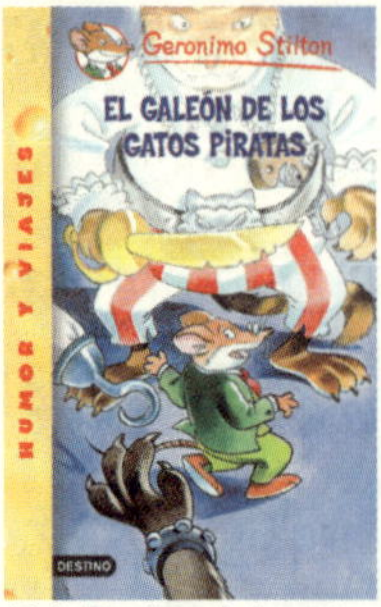

❑ 8. El galeón de los gatos piratas

❑ 9. ¡Quita esas patas, Caraqueso!

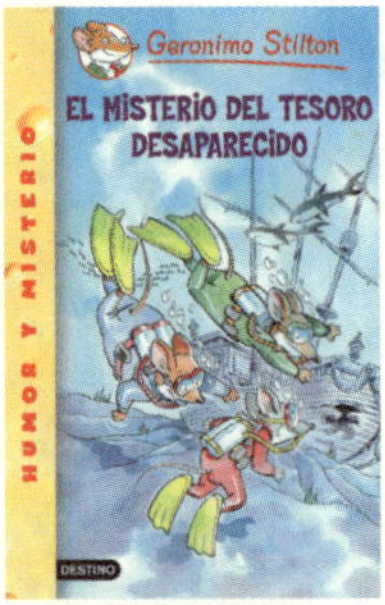

❑ 10. El misterio del tesoro desaparecido

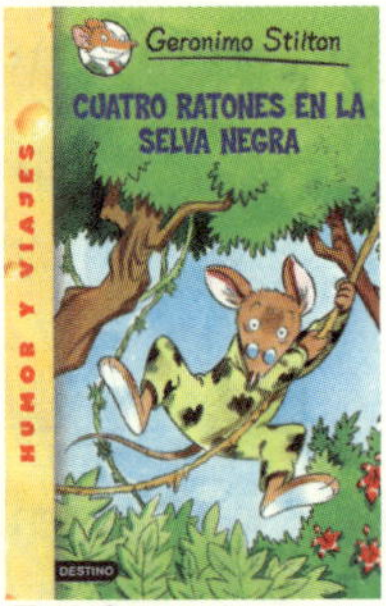

❑ 11. Cuatro ratones en la Selva Negra

❑ 12. El fantasma del metro

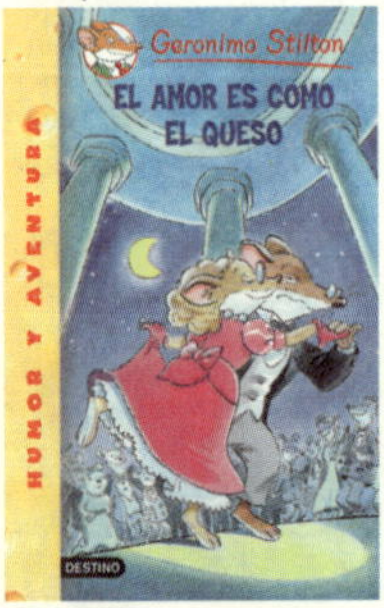

❑ 13. El amor es como el queso

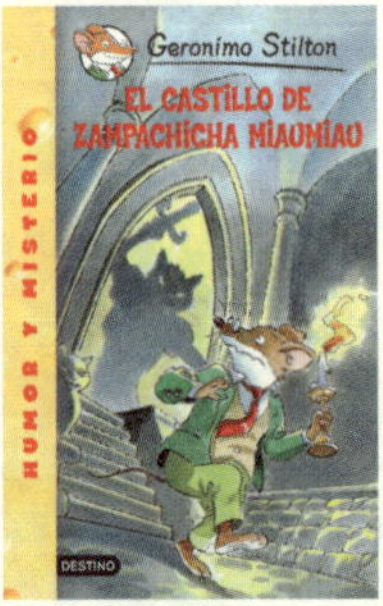

❑ 14. El castillo de Zampachicha Miaumiau

❑ 15. ¡Agarraos los bigotes... que llega Ratigoni!

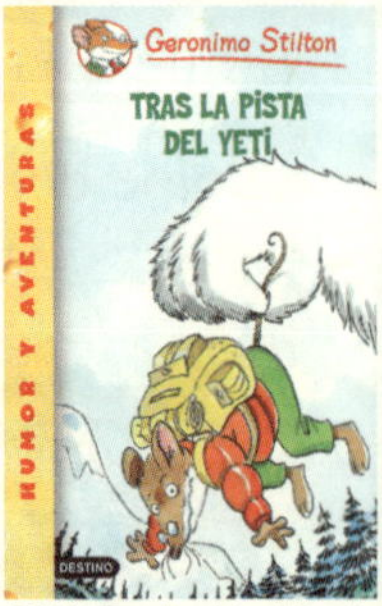

❑ 16. Tras la pista del yeti

❑ 17. El misterio de la pirámide de queso

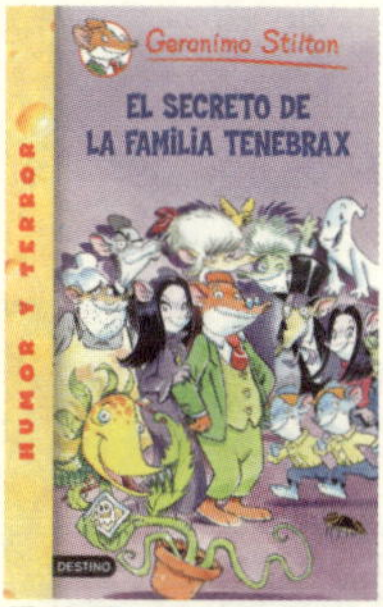

❑ 18. El secreto de la familia Tenebrax

❑ 19. ¿Querías vacaciones, Stilton?

❑ 20. Un ratón educado no se tira ratopedos

❑ 21. ¿Quién ha raptado a Lánguida?

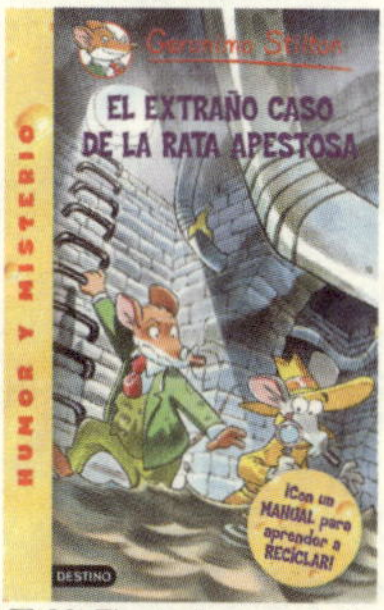

❑ 22. El extraño caso de la Rata Apestosa

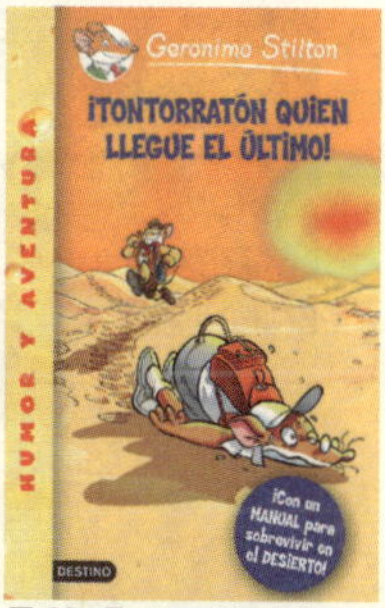

❑ 23. ¡Tontorratón quien llegue el último!

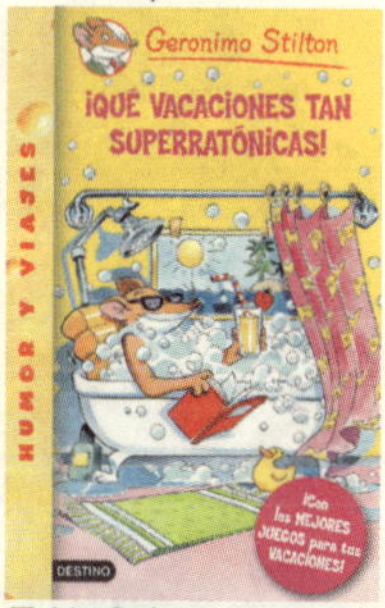

❑ 24. ¡Qué vacaciones tan superratónicas!

❑ 25. Halloween... ¡qué miedo!

❑ 26. ¡Menudo canguelo en el Kilimanjaro!

❑ 27. Cuatro ratones en el Salvaje Oeste

❑ 28. Los mejores juegos para tus vacaciones

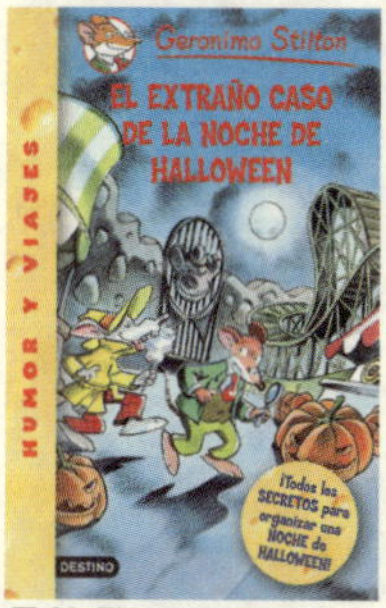

❑ 29. El extraño caso de la noche de Halloween

❑ 30. ¡Es Navidad, Stilton!

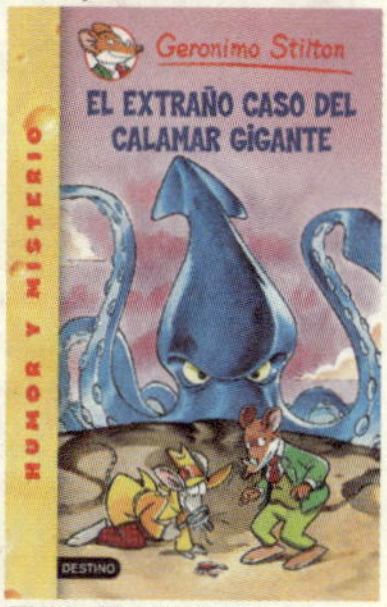

❑ 31. El extraño caso del Calamar Gigante

❑ 32. ¡Por mil quesos de bola... he ganado la Lotorratón!

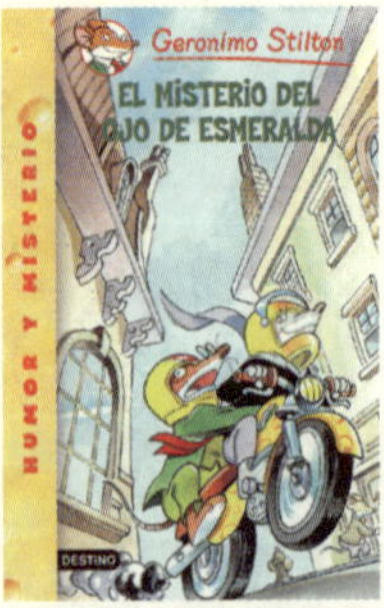

❑ 33. El misterio del ojo de esmeralda

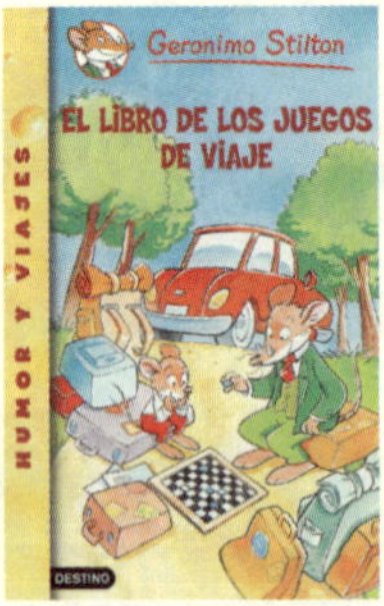

❑ 34. El libro de los juegos de viaje

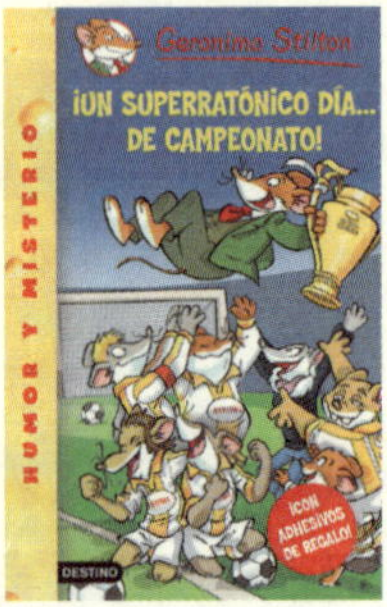

❑ 35. ¡Un superratónico día... de campeonato!

❑ 36. El misterioso ladrón de queso

❑ 37. ¡Ya te daré yo karate!

❑ 38. Un granizado de moscas para el conde

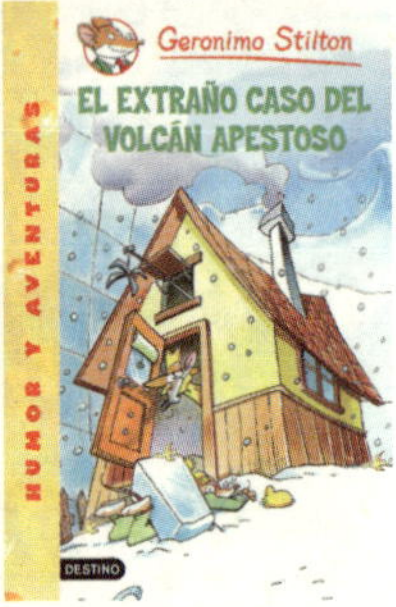

❑ 39. El extraño caso del Volcán Apestoso

DE PRÓXIMA APARICIÓN

❑ 40. ¡Salvemos a la ballena blanca!

TEA STILTON

❑ 1. El código del dragón

❑ 2. La montaña parlante

❑ 3. La ciudad secreta

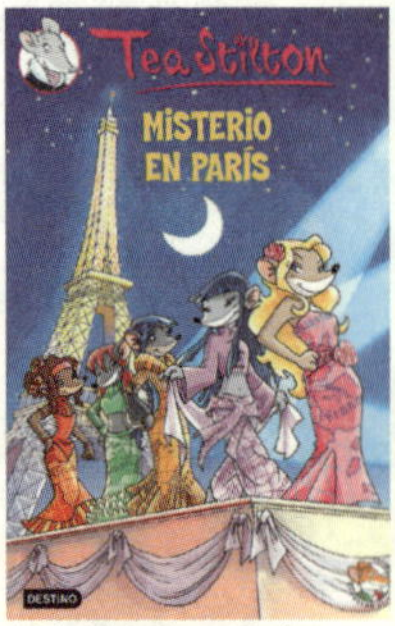

❑ 4. Misterio en París

Este libro no se puede vender sin este comprobante.

PRUEBA DE COMPRA
GERONIMO STILTON
«LA VUELTA AL MUNDO EN 80 DÍAS»

¿Te gustaría ser miembro del CLUB STILTON?

Sólo tienes que entrar en la página web **www.clubgeronimostilton.es** y darte de alta. De este modo, te convertirás en ratosocio/a y podré informarte de todas las novedades y de las promociones que pongamos en marcha.

¡PALABRA DE GERONIMO STILTON!

Queridos amigos roedores,
hasta el próximo libro.
Otro libro morrocotudo
palabra de Stilton, de...

Geronimo Stilton